DANZIG

ZOPPOT, GDINGEN UND DIE UMGEBUNG

AUFNAHMEN: STANISŁAWA, JOLANTA
UND RAFAŁ JABŁOŃSKI
TEXT: RAFAŁ JABŁOŃSKI

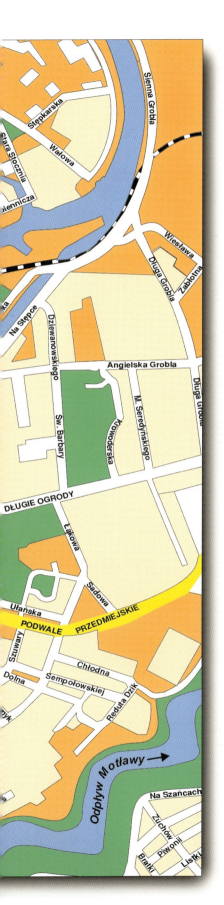

S. 6-9 **GESCHICHTE**

S. 10-13 **ZEITTAFEL**

S. 14-17 **ZWEITER WELTKRIEG**

S. 18-19 **BERÜHMTE DANZIGER**

S. 20-63 **RECHTSTADT**

S. 64-75 **ALTSTADT**

S. 76-85 **DIE INSELN UND LANGGARTEN**

S. 86-91 **ALTE VORSTADT**

S. 92-95 **ANDERE STADTVIERTEL**

S. 96-101 **OLIVA**

S. 102-109 **ZOPPOT**

S. 110-115 **GDINGEN**

S. 116-127 **DIE UMGEBUNG**

GESCHICHTE

Danzig, an der Danziger Bucht in der Nähe der Weichselmündung in die Ostsee gelegen, war die reichste Stadt der Res Publica Polonorum. Ihr Ursprung reicht in die Zeit von Mieszko I. zurück, der in den Jahren 967-972 über diesen Teil Pommerns herrschte. An der Stelle des heutigen Długi Targ (Langen Marktes), an einer Gabelung der Motława (Mottlau), die in einen toten Weichselarm einmündet, gründete er eine Burg mit Anlegestelle. „Gyddanzyc", der Name der Siedlung, wird zum ersten Male im „Leben des hl. Adalberts" urkundlich erwähnt, der, bevor er zu seiner Missionsreise zu den Pruzzen aufbrach, in Danzig weilte.

„Gyddanzyc" stammt von dem Namen ab, mit dem die Pruzzen die Mottlau bezeichneten, sein Kern „gd" bedeutete Morast bzw. Feuchtigkeit.

Zu Zeiten der Piasten-Dynastie waren die Bindungen von Danzig zu Polen recht wech-selvoll. Die Aufteilung Polens in Herzogtümer begünstigte die Aufrechterhaltung der Bande mit Ostpommern nicht. Erst nach dem Tode von Mściwój II., dem letzten der pommerschen Herzöge, ging Danzig in die Hände von Przemysław II. über, der sich im Jahre 1295 zum polnischen König krönen ließ. In der Nacht vom 13. zum 14. November 1308 nahmen die Ritter des Deutschen Ordens Danzig mittels einer Hinterlist ein. Dabei vernichteten sie die Siedlung vollständig und ermordeten zahlreiche Einwohner und pommersche Ritter. Die päpstliche Bulle aus dem Jahre 1319 berichtet von Zehntausend Toten. Die restlichen slawischen Einwohner wurden nach Osiek ausgesiedelt, das nördlich der Burg gelegen war. An der Stelle der zerstörten Herzogsburg entstand Główne Miasto, die sog. Rechtstadt, die seit jener Zeit in kultureller und militärischer Hinsicht den wichtigsten Teil der Stadt bildete. In der von Befestigungsmauern und Gräben umgebenen Stadt wurde der Bau des Rathauses, der Marienkirche und der Ordensburg, des Sitzes des Deutschen Ordens, in Angriff genommen. In der Umgebung der St. Elisabeth Kirche entstand an der Stelle einer ehemaligen Handwerkssiedlung Stare Miasto, die Altstadt, und nördlich von ihr Młode Miasto, die Neustadt, die in Konkurrenz zur Rechtstadt stand. Die Bande der Bürger mit dem Deutschen Orden waren nicht sehr stabil. Oft brachen Tumulte aus, so z.B. im

1. „Hafen an der Mottlau" von F. A. Lohrmann, 1765.

Jahre 1363 während des Dominikanermarktes, an denen sich hauptsächlich die polnische Bevölkerung beteiligte. Die Abneigung gegen die Ordensritter fand in dem Beitritt von Danzig zum gegen den Deutschen Orden gerichteten Preußischen Bund ihren Höhenpunkt, der dem Orden im Jahre 1454 den Gehorsam aufkündigte. Die Einwohner von Danzig nahmen die Große Mühle und die Ordensburg ein, die sie bald darauf zerstörten.

Kraft des II. Thorner Friedens wurde Pommern im Jahre 1466 Polen angeschlossen und trug seit jener Zeit den Namen Königlich Preußen bzw. Lehnspreußen. Der polnische König Kazimierz Jagiellończyk verlieh Danzig in den „Privilegia Casimiriana" viele Privilegien, so u.a. das Monopol im Überseehandel Polens und das Recht, eigene Münzen mit dem Abbild des Königs zu prägen. Alle bisher selbständigen Teile der Stadt wurden zu einem städtischen Organismus vereint, der dem Rat der Rechtstadt unterstellt wurde. Dem Stadtwappen wurde die Königskrone hinzugefügt, die bis zum Jahre 1793 von der dauerhaften politischen Bindung von Danzig zu Polen zeugte.

Die engen Bande zu Polen gewährleisteten den Wohlstand der Stadt.

Mit Ausnahme der Revolte gegen König Stefan Bathory im Jahre 1577 bezeugten die Einwohner von Danzig oftmals ihre Treue zu Polen, so z.B. während der schwedisch-polnischen Kriege in den Jahren 1626-1629 und 1655-1660. So auch während der Belagerung durch russische und sächsische Heere, als die Danziger König Stanisław Leszczyński in ihren Mauern schützten, der

3. Mottlau-Ufer, 1925.

ihnen in einem Brief für ihre „beispiellose Treue" dankte.

Das 16. Jahrhundert brachte viele Veränderungen. Neue religiöse Ideen breiteten sich aus. In Danzig stießen sie auf eine freundliche Aufnahme.

Der Katholizismus wurde zu einer marginalen Konfession, der evangelische und der kalvinistische Glaube herrschten vor. In Architektur und Kunst ersetzte der Renaissance-Stil die Gotik. Er nahm infolge der Beziehungen zu den Niederlanden manieristische Züge an und wurde zum Wahrzeichen der Stadt. Die Jahre 1580-1650 werden das Goldene Zeitalter von Danzig genannt. Damals wurden viele städtische Bauwerke, etwa 300 Speicher sowie dekorative Bürgerhäuser, errichtet.

In den Jahren 1619-1693 wurde die Stadt mit einer Anlage moderner Erdbastionen umgeben, die es ermöglichten, das Vorland der Stadt von Seiten des Werders mittels einer steinernen Schleuse zu überfluten.

Die Teilungen Polens brachten der Stadt den Niedergang. Im Jahre 1772 büßte Danzig seine Vorortbesitztümer sowie die Halbinsel Hel und Szkarpawa zugunsten Preußens ein. Trotz großer diplomatischer Bemühungen und eines bewaffneten Widerstandes nahmen die Preußen Danzig im Jahre 1793 ein und behandelten es während der ganzen Besatzungszeit als Provinzgarnisonstadt. Infolge der napoleonischen Kriege erhielten die Einwohner von Danzig die Freiheit zurück. Im Tilsiter Frieden aus dem

2. Siegel des Sventopluk II.

1. Häuser an der Długa-Str. (Domy przy ul. Długiej), J. C. Schultz, 1855-56

Jahre 1807 wurde Danzig der Status einer Freien Stadt zuerkannt. Nach der Niederlage Napoleons bei Moskau belagerten die Russen das ganze Jahr 1813 über die polnischen und französischen Heere, die die Stadt verteidigten. Im Januar 1814 erfolgte die Kapitulation und der Wiener Kongreß sprach Danzig den Preußen zu.

Obwohl sich Polen nach dem Ersten Weltkrieg um eine Rückkehr von Danzig nach Polen bemühte, wurde es im Jahre 1920 kraft des Versailler Vertrages als Freie Stadt Danzig unter den Schutz des Völkerbundes gestellt und von einem Hohen Kommissar vertreten. Polen wurden u.a. die Außenpolitik, die Einbeziehung der Stadt in das polnische Zollgebiet, die Post und die Hafenverwaltung überlassen.

Zudem durfte Polen auf der Halbinsel Westerplatte eine Militärgarnison unterhalten. Hier eben kündeten die Schüsse des Kriegsschiffes „Schleswig-Holstein" am 1. September 1939 den Beginn des Zweiten Weltkrieges. Danzig wurde dem Deutschen Reich einverleibt, die polnischstämmige Bevölkerung ermordet, in Konzentrationslager verschleppt oder aber vertrieben.

Am Ende des Zweiten Weltkrieges wurde Danzig zur Festung erklärt.

Während der vier Tage dauernden Belagerung wurde die Rechtstadt dem Erdboden gleichgemacht.

Nach dem Kriege siedelten sich hauptsächlich Ankömmlinge aus den ehemaligen polnischen Ostgebieten, die von den Russen besetzt worden waren, in Danzig an. Sie kamen vor allem aus Wilna und Umgebung sowie aus Lwów. Der Wiederaufbau der Stadt wurde in Angriff genommen und in groben Zügen nach 10 Jahren beendet.

Die Verschlechterung der sozialen und politischen Lage in den siebziger Jahren führte im August 1980 zum Ausbruch von Arbeiterprotesten. In der Danziger Werft begann ein Streik, dessen Anführer Lech Wałęsa wurde. Schließlich wurden in der Werft die Danziger Vereinbarungen unterzeichnet, in deren Folge der Unabhängige Gewerkschaftsverband Solidarność gegründet wurde.

Danzig bildet zusammen mit Zoppot und Gdynia einen einheitlichen urbanen Organismus, der Trójmiasto, Dreistadt, genannt wird. Durch die territoriale Entwicklung verwischten sich die ehemaligen Grenzen, obwohl die Städte selbständige Körperschaften geblieben sind.

Zoppot, ein bekannter Erholungs- und Kurort an der Ostsee, hatte schon im 16. Jahrhundert diese Funktion

2. Östliche Fassade des Goldenen Tores, nach R. Curicke, 1687.

3. Saal im Rechtstädtischen Rathaus (Sala w Ratuszu Głównego Miasta), J. C. Schultz, 1855-56.

inne. Unter Zustimmung seiner Eigentümer, der Zisterzienser von Oliva, bauten reiche Patrizier aus Danzig hier ihre Sommerresidenzen. Aber erst durch den französischen Militärarzt Jean Georges Haffner, der im Jahre 1808 mit Napoleons Heer hierher gekommen war,

4. Das Innere des Artus-Hofes (Wnętrze Dworu Artusa), J.C. Schultz, 1855-56.

wurde Zoppot zu einem Kurort im heutigen Sinne des Wortes. Dank Haffner wurden der Seesteg, die Bade- und Kurhäuser gebaut und die Ärzte begannen, ihren Patienten Seebäder zu empfehlen.

Obwohl die Geschichte von Gdynia /Gdingen/ bis ins 7. Jahrhundert zurückreicht, als erste Wehrsiedlungen dort entstanden, verdankt die Stadt ihre Entwicklung vor allem der Zeit nach dem Ersten Weltkrieg, als die sog. Zweite Republik, d.h. das Polen der Zeit zwischen den beiden Weltkriegen, hier im Jahre 1922 einen Hafens erbauen ließ.

ZEITTAFEL

5. Jhd – auf diesem Gebiet siedeln sich Slawen an.
7. Jhd. - die erste Fischersiedlung entsteht.
10. Jhd. - die Kaschuber Fürsten bauen eine Burg.
967-72 – Pommern wird durch den Fürsten Mieszko I. Polen angeschlossen.
970-980 – an der Weichsel-Mündung entsteht eine Festung, veranlasst von Mieszko I.
27. März 997 – der Bischof Adalbert von Prag hält sich während seiner Missionsreise nach Preußen in Danzig auf. An der Stelle, wo er seine Messe hält, entsteht später die St. Adalbertkirche.
997 – in der Hagiografie des St. Adalbert, von Johannes Canaparius geschrieben, kommt erstmals der Name der Stadt Danzig vor (Gyddanyzc urbs).
1186 – die Zisterzienser werden nach Oliwa beordert.
1219 – der pomoranische Fürst erklärt das Danziger Pommern polenunabhängig.
1260 – päpstliches Privileg für die Veranstaltung von St. Dominikus-Jahrmärkten.
1263 – Danzig erhält Lübecker Stadtrechte.
1308 – die Stadt wird von der Mark Brandenburg belagert. Der als Hilfe herbeigerufene Deutsche Orden übernimmt Danzig und schlachtet dabei die Stadtbevölkerung aus.
1320-1321 – das Papstgericht verkündet das Urteil gegen den Orden, wonach das Danziger Pommern Polen zurückgegeben werden soll. Der Deutsche Orden ignoriert das Urteil.
1327-36 – das Rechtstädtische Rathaus wird gebaut.
1340 – die Hohe Burg wird gebaut.

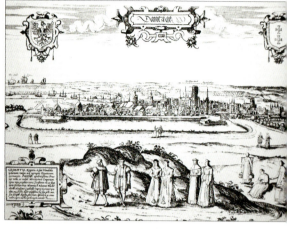

2. Blick auf Danzig aus Grodzisk, F. Hogenberg, 1573.

1343 – der Rechtsstadt werden Stadtrechte verliehen.
1361 – Danzig wird zum Mitglied der Hanse.
1363 – der erste große Kran wird am Mottlauer Ufer gebaut.
1377 – Gründung der Altstadt auf Basis des Kulmer Rechts.
1380 – der Deutsche Orden baut die Jungstadt an der Mottlauer Mündung in die Tote Weichsel. Jene Stadt soll eine Konkurrenz für Danzig sein.
1410 – nach der Schlacht bei Tannenberg unterwirft sich der Stadtrat der Herrschaft von Władysław Jagiełło.

3. Taler aus 1577.

1. Plan von Danzig aus dem 17. Jhd.

4. Blick auf Danzig aus 1628.

1440 – Danzig wird Mitglied des Preußischen Bundes, der sich gegen den Deutschen Orden richtet.
1454 – Aufstand gegen den Orden. Der Preußische Bund versagt dem Orden den Gehorsam. Auf Antrag des Bundes erlässt König Kasimir der Jagielloner einen Inkorporationsakt, kraft dessen Danziger Pommern und die Stadt Danzig Polen einverleibt werden.
1463 – die Danzig-Elbring-Flotte besiegt den Orden am Frischen Haff.
1466 – Kraft des Thorner Friedens wird das Danziger Pommern mit Ermland Polen anerkannt.
1473 – Das Danziger Schiff „Piotr z Gdańska" greift an der englischen Küste eine florenzisch-burgundische Galeere, „San Matteo", an, wobei eine enorme Beute ergattert wird. Das wertvollste Stück ist das Gemälde von Hans Memling „Das Jüngste Gericht", welches der Marienkirche übertragen wird.
1525 – Tumult in Danzig – Aufstand einer protestantischen Minderheit gegen die Stadtverwaltung.
1526 – Eingreifen des Königs Sigismund I., der die Kompetenzen seines Burggrafen erweitert.
1557 – Sigismund II. August garantiert Protestanten Rechtsgleichheit.
1560-70 – in Holland drangsalierte Protestanten kommen in die Stadt, u.a. die Mennoniter.
1576-77 – König Stefan Batory wird der Schwur verweigert, wodurch ein Krieg entfacht, der mit einem Kompromiss endet, kraft dessen Danzig autonom bleibt.
1626-29 – Der Polnisch-Schwedische-Krieg. Am 28. November findet die Meeresschlacht bei Oliwa statt, in der die polnische Flotte siegt.
1633 – Die Neptun-Fontäne wird errichtet.
1640 – Johannes Hevelius gründet in Danzig ein eigenes Observatorium.
1650 – Anfänge der Westerplatte-Insel, die aus durch die

6. Plan der Altstadt aus 1687. P. Willer.

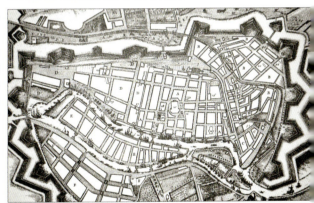

5. Danziger Panorama aus 1635. J. Hofmann.

1. Lange Brücke, etwa 1880.

Weichsel hergespültem Sand entsteht.
1655-1660 – der 6. Polnisch-Schwedische-Krieg, auch „Potop" (Sintflut) genannt.
1733-34 – der Erbfolgekrieg, in dem russische Truppen, unterstützt von Sachsen, Danzig angreifen, das sich für die Kandidatur von Stanisław Leszczyński als polnischer Thronfolger einsetzt. Danzig, von den Franzosen unterstützt, gibt schließlich am 7. Juli 1734 auf.
1772 – Die 1. Teilung Polens, kraft derer Preußen die Kontrolle über den Zugang zu Danzig erlangen, indem u.a. Neufahrwasser und Westerplatte besetzt werden.
1783 – Danzig wird durch Preußen blockiert.
1793 – Preußen annektiert Danzig.
1807 – die Stadt wird von Truppen des Napoleon I. übernommen. Die Freie Stadt Danzig wird gegründet.
1813 – die Stadt wird von der russischen Armee übernommen.
1815 – Durch den Wiener Kongress wird Danzig wieder Teil von Preußen.
1919 – Durch den Versailler Vertrag wird Danzig zur freien Stadt.
1921 – Bau der Konkurrenzstadt Gdingen.
1924 – Der Völkerbund erkennt Polen Westerplatte für ein Militärdepot an.
1934 – Die deutsche Faschistenpartei NSDAP übernimmt die Kontrolle über die Stadt
1939, 1. September – das Panzerschiff Schleswig-Holstein beginnt den Zweiten Weltkrieg mit dem Angriff auf Westerplatte.
1970, Dezember – Streiks in der Danziger Werft werden durch das Militär und die Polizei blutig niedergeschlagen.

2. Mottlau, 1927.

3. Blick auf die Mottlau und den Hafen vom Fischmarkt aus. M. Deisch, 1765.

1978 – Das Gründungskomitee der freien Küstengewerkschaften wird ins Leben gerufen, zu dem u.a. Gwiazda Walentynowicz und Wałęsa gehören.
1980, 14. August – Arbeiterstreik in der Danziger Werft.
23. August – erste Ausgabe der Wochenzeitung „Solidarność".
31. August – Abkommen werden unterzeichnet, die die Gründung von unabhängigen Gewerkschaften garantieren.
17. September – die Unabhängige Selbstverwaltete Gewerkschaft „Solidarność" wird gegründet (NSZZ „Solidarność").
1981, 13. Dezember – in Polen wird der Kriegszustand ausgerufen, der mit der Internierung von Oppositionellen beginnt.
1983 – Lech Wałęsa erhält den Friedensnobelpreis
1987 – Papst Johannes Paul II. besucht Danzig.
1988 – Streiks in der Danziger Werft führen zu Gesprächen am Runden Tisch.
1989 – Gespräche am Runden Tisch.
1990 – Lech Wałęsa wird zum Präsidenten der Republik Polen gewählt.
2003 – Die Tafeln mit den 21 Forderungen der Steiks vom August 1980 werden ins Weltdokumentenerbe der UNESCO eingetragen.

4. Sopot. Mole, ca. 1880.

ZWEITER WELTKRIEG

1. Westerplatte aus 1939.

WESTERPLATTE

Am 1.September 1939 um 4:48 begann der Angriff, des gegenüber von Westerplatte angelegten Panzerschiffs

2. Schleswig-Holstein während des Beschusses von Westerplatte.

Schleswig-Holstein, auf den polnischen Militärposten. So begann der 2. Weltkrieg.

Westerplatte ist eine Halbinsel an der Mündung der Toten Weichsel zur Danziger Bucht, die in der 2. Hälfte des 17. Jhd. als Sandbank entstand. Mit der Zeit wurde sie zur Insel, später Westerplatte genannt, weil sie an der Westseite der Mündung lag. 1924 hatte der Völkerbund dieses Gebiet Polen zugesprochen, 1925 erlaubte die Organisation einen militärischen Wachturm dort zu errichten. Ab 1926 funktionierte dort das militärische Depot, welches als Munitionslagerhaus und Wachposten fungierte. Auf Westerplatte waren 88 polnische Soldaten stationiert, die jedes halbe Jahr abgelöst worden sind. Im Sommer 1939 wurde die Anzahl der Soldaten auf 210 erhöht. Nicht nur Lagergebäude wurden dort gebaut, sondern auch eine Kaserne und vier Wachstuben aus Stahlbeton. 1938 wurde Major Henryk Sucharski zum Kommandanten des Wachturms und Franciszek Dąbrowski zum Leiter der Wachstuben.

Vor dem Artilleriefeuer des Panzerschiffs wurde ein Versuch unternommen mit Fußtruppen ins Gebiet des Wachturms von Süden einzudringen. Die Deutschen

3. Denkmal der Westerplatte-Verteidiger.

5. Die Deutschen bei Kämpfen auf Westerplatte.

wurden von der starken Verteidigung überrascht und zum Rückzug und Fortsetzung des Artilleriefeuers gezwungen. Der Plan der blitzartigen Einnahme der Halbinsel, welcher auf der Überlegenheit der Feuerkraft aufgebaut war, schlug fehl. Aufgrund dessen setzte Deutschland am 2. September die Luftwaffe ein, welche den Wachturm mit hunderten Tonnen von Bomben angegriffen hat, um die vermeintlichen unterirdischen Bunker zu zerstören. Der Beschuss unter Verwendung aller möglichen Artilleriewaffen und die Pioniereinsätze, haben die Defensivmöglichkeiten der Halbinsel überfordert. Am 7. September hatte Major Sucharski, angesichts der Erschöpfung der Soldaten und fehlenden Munition, um 10:15 die Kapitulation des Wachturms verkündet. In Anerkennung seines Mutes durfte er seinen Säbel bei sich tragen.

Auf polnischer Seite hatten 15 Soldaten ihr Leben gelassen, die anderen wurden in deutschen Gefangenenlagern untergebracht, manche bis 1945. Ein Teil, aus gesundheitlichen Gründen freigelassen, nahm an Partisanenkämpfen teil. Auf deutscher Seite verloren 300 bis 400 Personen ihr Leben.

4. Kapitulation der Westerplatte-Belegschaft.

1. Gebäude der Poczta Polska (Post Polens) in Danzig.

2. Gebäude der Poczta Polska in 1939.

POLNISCHEN POST

Zum anderen Verteidigungsort am ersten Kriegstag wurde das Hauptgebäude der Polnischen Post in Danzig. Die Polnische Post wurde in Danzig im Jahre 1920 gegründet, auf Grundlage des Versailler Vertrages und der Polen-Danzig-Konvention. Polen hatte drei Postämter: Beim Hewiliuszplatz in der Altstadt, im Bahnhof und im Hafen. Auch 10 Postkästen mit dem polnischen Wappen waren vorhanden. Ab 1930 wurde das Amt in der Altstadt zum Hauptpostamt, mit einer 54-köpfigen Belegschaft, wovon viele Leute zum Schützenverband - einer geheimen Organisation - gehörten. Die Mitglieder wurden militärisch ausgebildet, innerhalb der polnischen Staatsgrenzen.

Um 4:45, parallel zum Beschuss der Halbinsel Westerplatte, begannen Einheiten der Danziger Ordnungspolizei und Unterabteilungen der SS, unterstützt von drei gepanzerten Fahrzeugen, das Postgebäude zu stürmen. Der Angriff wurde zweigleisig durchgeführt: Von Seiten des Haupteingangs und durch das durchbrechen der Wand des benachbarten Arbeitsamtes. Die erste Stürmung war ein Fehlschlag. Man beschaffte Geschütze und verminte einen Teil des Gebäudes. Um 17:00 wurde die Sprengladung gezündet, wobei ein Teil des Gebäu-

3. Denkmal der Poczta-Polska-Verteidiger.

des zerstört worden ist. Die Verteidiger haben sich in die Postkeller verlagert. Die Deutschen setzten Kraftspritzen ein, um diese Räume mit Benzin vollzupumpen und dann mit Flammenwerfern anzuzünden. Um 19:00 wurde die Kapitulation beschlossen. Als erster verließ der Direktor Jan Michoń das Gebäude. Obwohl er in den Händen eine weiße Flagge hielt, erschoss man ihn. Ein ähnliches Schicksal erlitt der Vorsteher der Post, Jerzy Wąsik. In den Gefechten starben insgesamt 12 Verteidiger. Vier konnten fliehen und überlebten den Krieg. 39 Personen wurden verhaften und in Biskupia Góra untergebracht. Während des Prozesses, der am 8. und 30. September stattfand, hat man sie als Partisanen erkannt und zum Tode verurteilt. Am 5. Oktober wurden sie auf dem Truppenübungsplatz der Danziger Polizei im Stadtteil Zaspa erschossen.

4. Kapitulation der Poczta-Polska-Verteidiger.

BERÜHMTE DANZIGER

Jan Dantyszek (1485-1548)

Eigentlich Johannes von Hoefen, ein deutschstämmiger, der sich im Ermland (Warmia) und später in Danzig niedergelassen hat. Kulmischer und ermländischer Bischof, Reisender, Diplomat vom Hofe des Sigismund des Alten, vor allem Poet der Renaissance, der in Polnisch und Latein schrieb. Sein bekanntestes Werk ist das Poem „Das eigene Grabmal".

Jan Hevelius (1611-1687)

Berühmter Astronom aus Gdańsk (Danzig). Im Jahre 1640 gründete er ein astronomisches Observatorium mit Geräten, die er selbst anfertigte. In der Nähe von Gdańsk baute Hevelius ein 50 m langes Teleskop, welches damals das größte in der Welt war. Er erstellte eine Karte der Mondoberfläche und entdeckte neun Kometen.

3. Observatorium des Johannes Hevelius

Gabriel Daniel Fahrenheit (1686-1736)

Physiker und Ingenieur, in Danzig geboren. Er beschäftigte sich mit der Herstellung von Thermometern, in denen er erstmals Quecksilber verwendet hat. 1725 bot er seine eigene Temperaturskala, Fahrenheit genannt, an. Der 0°F-Wert war die niedrigste Temperatur, die in Danzig 1709 vorkam (-18°C). 100°F (37,8°C) hingegen war die Körpertemperatur des Wissenschaftlers (er hatte damals eine leicht erhöhte Körpertemperatur) und 212°F glichen der Wasserkochtemperatur. Jene Skala wurde in manchen angelsächsischen Ländern angenommen.

Arthur Schopenhauer (1788-1860)

Philosoph, geboren in Danzig. 1793 zog er nach der preußischen Übernahme der Stadt nach Hamburg um und später nach Weimar, wo er Philosophie studierte und seine Doktorarbeit verteidigte. Sei wichtigstes Werk ist „Die Welt als Wille und Vorstellung", 1819 herausgegeben. Darin versuchte er zu beweisen, dass die Welt nur eine Vorstellung unseres Verstands ist, und dass das Einzige was wir kontrollieren können, unser eigener Wille ist.

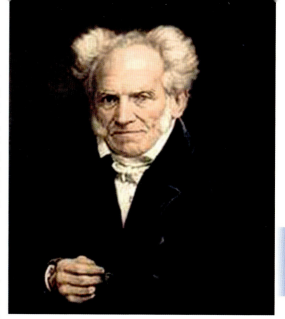

5. Arthur Schopenhauer.

Günter Grass (1927)

Deutscher Schreiber, in Danzig geboren. Während des 2. Weltkriegs nahm er freiwillig an Militärformationen und so an Kämpfen teil. Seine Schreibwerke hängen zum großen Teil mit Danzig zusammen. Das bekannteste Werk ist die Danziger Trilogie: Die Blechtrommel, Katz und Maus und Hundejahre. Seine Verbindungen mit der Stadt wurden 1993 anerkannt, indem man ihn zum Ehrenbürger von Danzig machte. 1999 erhielt Grass den Literaturnobelpreis.

Lech Wałęsa (1943)

Polnischer Verbandsaktivist und Politiker, von Beruf Elektriker. Einer der Anführer während der Streiks im Dezember 1970. Im August 1980 an der Spitze des Streikkomitees der Werft in Danzig. Dieser Streik führte zum Unterzeichnen der Abkommen in August, die ein erstes Zugeständnis der Regierung gegenüber der Opposition waren und die Schaffung freier Gewerkschaften ermöglichten. 1981 wurde Wałęsa zum ersten Vorsitzenden der Unabhängigen Selbstverwalteten Gewerkschaft „Solidarität" („Solidarność"). Am 13 Dezember 1981, nach Einführung des Kriegsrechts, wurde er bis zum November 1982 interniert. 1983 verlieh ihm die Schwedische Akademie den Friedensnobelpreis, welchen seine Frau, Danuta, empfing. Gemäß den Vereinbarungen des runden Tisches kam es 1990 zu den freien Präsidentschaftswahlen, die Lech Wałęsa gewann.

4. Lech Wałęsa.

6. Grass-Bank in Danzig-Wrzeszcz (Wybickiego-Platz).

RECHTSTADT

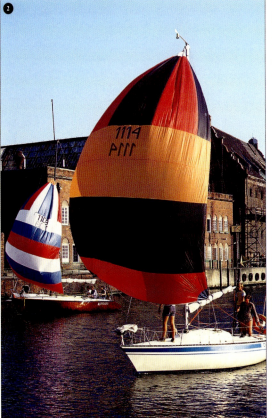

1-3. Im 13. Jahrhundert entstand südlich der frühmittelalterlichen Burg und der Handels- und Handwerker-Vorburg eine Kaufmannssiedlung, die zum Ursprung der späteren Rechtstadt wurde. Sie entwickelte sich längs der Długa-Straße (Langgasse) und des Długi Targ (Langen Marktes). Hier wurden die Marienkirche und eine Anlegestelle gebaut.

1756

4. Der Königsweg, der entlang der Langgasse bis Brama Zielona, dem Grünen Tor, verläuft, nimmt seinen Anfang am Hohen-Tor (Brama Wyżynna). Das Tor ist Teil der Befestigungen, die von Hans Kramer in den Jahren 1571-1576 an der westlichen Stadtgrenze gebaut wurden. Die westfassade, die mit einer Nachbildung grob gehauener Steinquader geschmückt ist, verdankt ihr heutiges Aussehen einem Umbau, der im Jahre 1588 von Willem van den Blocke ausgeführt wurde.

5-6. Katownia, die Peinkammer, und Wieża Wiezienna, das Stocktor, entstanden im 14. Jahrhundert als Teil der mittelalterlichen Befestigungen der Rechtstadt. Im 15. und 16. Jahrhundert wurden sie mehrmals umgebaut. Ihre manieristische Form verdanken sie den Arbeiten von Anton van Obbergen, die bis zum Jahre 1604 andauerten.

7-8. Der Sitz der Georgsbrüderschaft wurde in den Jahren 1487-1494 unter der Leitung von Hans Glotau in einem für die flämische Architektur typischen Stil errichtet. Im Jahre 1566 wurde auf dem Giebel des Gebäudes eine Skulptur aufgestellt, die St. Georg im Kampfe mit dem Drachen darstellt.

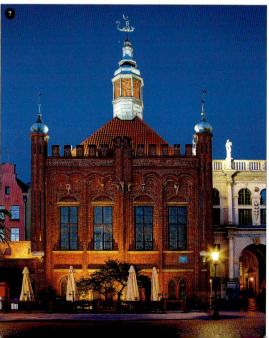

1-3. An der Stelle des Langgassen-Tores aus dem 14. Jahrhundert wurde in den Jahren 1612-1614 Złota Brama, das Goldene Tor, nach einem Entwurf von Abraham van den Blocke errichtet. Das Bauwerk knüpft an Römische Triumphbögen an und erhielt eine manieristische Ausschmückung.

4. Die Narożna-Bastei bildet ein Fragment der Befestigungen, die die Rechtstadt umgaben und deren Bau im März 1343 von den Deutschen Ordensrittern begonnen wurde. Daneben befinden sich die Schulz- sowie die Browarna-Bastei aus dem 14. Jahrhundert.

5-6. Der Königsweg - die Długa-Straße (Langgasse) und der Długi Targ (Lange Markt) - bildet den repräsentativsten Straßenzug von Danzig. Sein Name erinnert an die Besuche der polnischen Könige in Danzig, die auf diesem Weg in die Stadt zogen. Die wohlhabenden Patrizier haben hier ihre prachtvollen Wohnhäuser und die Stadt das Rathaus, den Sitz des Rates, gebaut.

7. Das manieristische Ferber-Bürgerhaus an der Długa-Straße 28 (Langgasse) wurde im Jahre 1560 von Konstanty Ferber, einem Vertreter einer wohlhabenden Patrizier-Familie aus Danzig, errichtet. Die Attika, die die Fassade des Gebäudes bekrönt, ist mit dem Wappen des Königreichs Polen, Königlich Preußens und dem Wappen von Danzig geschmückt.

8. Das Uphagen-Bürgerhaus an der Długa-Straße 12 entstand in den Jahren 1770-1779 an der Stelle eines früheren Wohnhauses. Die Ausstattung der Innenräume wurde 1787 beendet. Diesen prächtigen Bau kennzeichnen Stilmerkmale des Barocks, des Rokokos und des Frühklassizismus. Dank einer Entscheidung von Jan Uphagen wurde das Gebäude zum Sitz des Museums Bürgerlicher Wohnkultur.

1-5, S. 26-27. Das Rathaus der Rechtstadt steht an der Stelle, an der die Długa-Straße auf den Długi Targ trifft. Zu Zeiten von Herzog Swiętopełk II wurde im Jahre 1298 an dieser Stelle das erste Rathaus gebaut. Das heutige Gebäude wurde in den Jahren 1327-1336 errichtet, nur zwanzig Jahre später wurde es ausgebaut. In den Jahren 1486-1488 erhielt es einen schlanken Turm, nach einem Brand im Jahre 1556 wurde das Gebäude im manieristischen Stil umgestaltet. Die Sonnenuhr stammt aus dem 16. Jahrhundert.

1880

1. Der Kleine Ratssaal wird wegen des dortigen Kamins im Renaissance-Stil aus dem Jahre 1609 auch Kaminsaal genannt.

2-3. Gleich hinter dem Haupteingang befindet sich die Große Diele mit einer kunstvollen Wendeltreppe aus dem Jahre 1645.

4-5. Der Große Ratssaal, auch der Rote Saal genannt, ist der schönste Raum des Rathauses der Rechtstadt. Seine Ausschmückung stammt aus den Jahren 1593-1608 und ist das Werk niederländischer und hiesiger Meister: Hans Vredemann de Vries, Isaak van den Blocke und Simon Herle.

6. Ein Fragment der „Apotheose von Danzig" an der Decke des Roten Saales im Rathaus der Rechtstadt.

1. Der Neptunbrunnen, dem Schutzpatron der Meere und der Navigation gewidmet, wurde 1633 vor dem Rathaus als Symbol des Wohlstands der Stadt errichtet.

2. Die Hermes-Skulptur steht vorm Hof des Artus, auf dem Dach des Restaurants Piwniczka Rajców.

3-4. Der Artushof aus den Jahren 1478-1481 war Treffpunkt der wohlhabenden Bürger, die die Ideale der Ritter der Artus-Runde vertraten. Die Fassade, in den Jahren 1616-1617 von Abraham van den Blocke umgebaut, verbindet Merkmale der Gotik und der Renaissance. Das dreischiffige Hallen-Innere mit einem Stern-Palmengewölbe stützt sich auf vier Granitsäulen.

5. Renaissance-Stil in der Ecke des Großen Saales des Artushofes ist ein Werk von Georg Stelzner. Die von Meister Jost bemalten Kacheln stellen europäische Herrscher, Wappen, Personifizierungen der Tugenden sowie Planeten dar.

1. Direkt neben dem Artushof ist die Schöffenbank gelegen, die ihren Namen den hier seit 1712 wirkenden Städtischen Gerichten verdankt. Die Schöffenbank hat ihre gotische Fassade aus dem 15. Jahrhundert bewahrt und ist mit einem reich geschmückten Portal mit Rittergestalten geziert.

2. Um 12.00 Uhr Mittags erscheint im Fenster eines Wohnhauses am Langen Markt die Gestalt einer jungen Bürgerstochter aus Danzig, der Heldin eines Romans von Jadwiga Deotyma-Łuszczewska mit dem Titel "Das Mädchen im Fenster".

3-4. Am Langen Markt 41 befindet sich Złota Kamienica, das Goldene Haus, das schönste Gebäude von Danzig. Es wurde in den Jahren 1609-1617 für Bürgermeister Jan Speymann nach einem Entwurf von Abraham van den Blocke errichtet und ist ein hervorragendes Beispiel des flämischen Manierismus. Die Fassade wurde von Bildhauer Jan Voigt mit vergoldeten Ornamenten geschmückt.

5, 7. Am Langen Markt, gegenüber dem Artushof, stehen reizvolle Bürgerhäuser mit fein geschmükkten Fassaden, die einst die polnischen Könige: Zygmunt III Wasa, Władysław IV, Jan Kazimierz, Johann III Sobieski, August II und Stanisław Leszczyński beherbergten. Aus diesem Grunde werden sie königliche Bürgerhäuser genannt. Es kennzeichnen sie verschiedene Stile - von der Renaissance bis hin zu Barock und Klassizismus.

6. Das Schumann-Haus an der Długa-Straße 20 ist das erste Renaissance-Gebäude des Königstrakts, erbaut vom Danziger Ratsherren Johann Connert im Jahre 1560. Seinen Namen verdankt das Haus der Patrizierfamilie Schumann, der das Haus am längsten – über 2 Jahrhunderte – ab Mitte des 17. Jhd. gehörte.

1. Das Mietshaus am Langen Markt 20 entstand 1680 im Barockstil. Die dreistöckige Fassade ist mit Skulpturen reich verziert, die Andreas Schlüter zugeschrieben werden. An der Stufenspitze sind zwei Medaillons mit Männerköpfen, die für Portraits der beiden polnischen Könige Johann Kasimir und Johann III. Sobieski gehalten werden.

2. „Pod Lwem" Bürgerhaus.

3. Barockportal des Bürgerhauses am Langen Markt 36.

4-7. Das manieristische Grüne Tor (Brama Zielona) schließt den Königsweg von Osten ab. Es wurde in den Jahren 1564-1568 von dem Amsterdamer Baumeister Regnier nach einem Entwurf von Hans Kramer gebaut. Das atypische Torgebäude in Form eines prachtvollen Palastes wurde an der Stelle des gotischen Koggen-Tores errichtet und war die hiesige Residenz der polnischen Könige.

1910

1. Im Südosten der Rechtstadt befindet sich die Kotwiczników-Bastei. Ursprünglich diente sie als Gefängnis für Mörder und als Ort geheimer Urteilsvollstrekkungen.

2. Die Ogarna-Straße wird von Osten durch Brama Krowia, das Kuhtor, abgeschlossen. Beim Wiederaufbau des während des II. Weltkrieges zerstörten Tores nutzte man gotische Giebelwände aus dem 14. Jahrhundert.

3. Das Bürgerhaus an der Ogarna-Straße (Hundegasse) 27/28 mit einer eklektischen Fassade entstand zu Ende des 19. Jahrhunderts für die Freimaurer-Loge „Gedania Loge 3", die dem Unabhängigen Orden der Odd Fellows angehörte. Außer dem Freimaurer Tempel und der Kammer des Nachdenkens befand sich hier eine Kammer der Verlorenen Schritte.

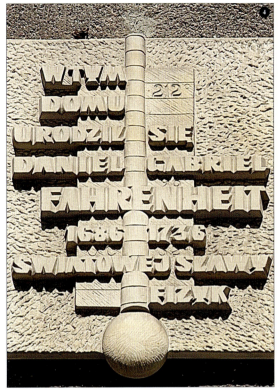

4. Im Haus der Familie Fahrenheit an der Ogarna-Straße 94 wurde der berühmte Physiker Gabriel Daniel Fahrenheit geboren, der 1725 eine neue Skala für die Temperaturmessung eingeführt hat.

5. An der Chlebnicka-Straße (Brodbänkengasse) 16 wurde in den Jahren 1569-1570 ein schlankes achtstöckiges Haus nach einem Entwurf von Hans Kramer errichtet. Es wurde Englisches Haus, da es seiner Zeit als Lager für englische Tücher diente, oder aber wegen des auf dem Giebel aufgestellten Engels Engelhaus genannt.

6-7. Die gotische Fassade des Bürgerhauses an der Chlebnicka-Straße 14 ist eine Nachbildung der Fassade eines Gebäudes, das auf der Pfaueninsel in Potsdam steht. Das hier bis 1822 stehende Bürgerhaus wurde vom preußischen Thronfolger Wilhelm III in seine Residenz verlegt.

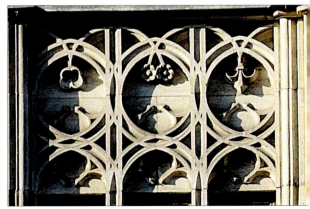

1-3. Die Mariacka-Straße (Frauengasse) führt von Brama Mariacka, dem Frauentor, das den Weg zur langen Brücke freigibt, zur Marienkirche. Die schönste Gasse in Danzig führt den Besuchern die frühere hiesige Bauweise vor Augen, die sich durch schmale Bürgerhäuser mit reich verzierten Fassaden und Beischläge auszeichnet.

1890

1. Der Wasserspeier eines der Beischläge der Bürgerhäuser an der Mariacka-Straße (Frauengasse).

2-3. Vor dem ältesten, im Jahre 1541 an der Mariacka-Straße 1 gebauten Bürgerhaus sind zwei Beischlag-Platten mit Mariä Verkündigungs-Szenen angebracht.

4. Vom 1. bis zum 13. August findet in Danzig der Dominikaner-Jahrmarkt, das älteste Fest der Stadt, statt. Dessen Tradition reicht bis in das Jahr 1260 zurück, in dem Papst Alexander IV den Dominikanern das Ablaßprivileg erteilte.

1-3. Die Marienkirche in Danzig ist das größte mittelalterliche Backstein-Gotteshaus in Europa. Die Kirche mit drei Schiffen, Transept und Kapellenkranz wurde in den Jahren 1343-1502 im gotischen Stil errichtet.

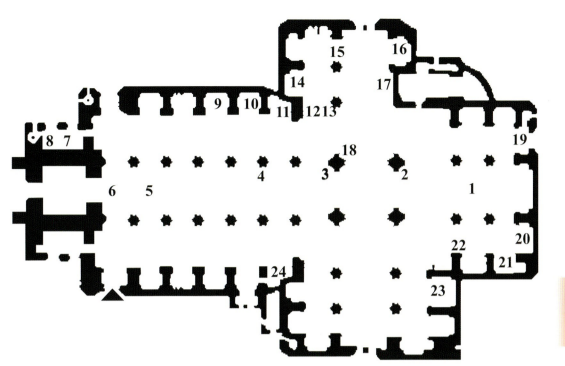

1. Hauptaltar
2. Tabernakulum
3. Epitaph
4. Kanzel
5. Taufbecken
6. Orgel
7. St. Rajnolds-Kapelle, „Das Jüngste Gericht" von Hans Memling
8. Pieta
9. Die Schöne Madonna von Danzig
10. St. Barbara-Altar
11. St. Anna Selbdritt
12. Wandmalerei der St. Georgs-Kapelle
13. St. Georgs-Skulpturgruppe
14. St. Dorotee-Altar
15. Bahr-Grabmal
16. St. Adrian-Altar
17. Astronomische Uhr
18. Almosentafel
19. Marientor
20. St. Hedwig-Altar
21. St. Jakob-Altar
22. Schwarze-Madonna-Bild
23. Gotisches Chorgestühl
24. Priesterkapelle

4. Das spätgotische Portal des Rates in der südlichen Fassade.

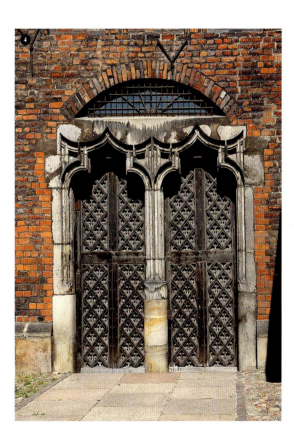

1. Der barocke Orgelprospekt aus den Jahren 1625-1629 ist ein Werk von Peter Bringemann.

2-4. Das monumentale Innere der Marienkirche hinterläßt einen großen Eindruck. Das 5000 Quadratmeter zählende Kircheninnere kann bis zu 25.000 Gläubige fassen. Von 1529 bis zum Zweiten Weltkrieg wurde das Gotteshaus von der evangelischen Kirche genutzt. Die gotische Ausschmückung der Kirchenräume wurde um Werke im manieristischen und barocken Stil bereichert.

5. Der Hochaltar entstand in den Jahren 1511-1516 in der Werkstatt von Meister Michael von Augsburg.

1890

1. Die Barockkanzel aus dem Jahre 1617 stammt aus der Johannes-Kirche.

2. Das barocke Grabmal von Simon und Judith Bahr aus dem Jahre 1620 ist ein Werk von Abraham van den Blocke. Simon war ein Danziger Bankier, Kaufmann und Lieferant des Königs Zygmunt III Wasa.

3. Das Epitaph der Familie Oehm aus dem Jahre 1559.

4. In der St. Reinhold-Kapelle ist eine Kopie des "Jüngsten Gerichts" von Hans Memling zu besichtigen. Das Original wird im Nationalmuseum in Danzig gezeigt.

5. Direkt hinter der Vorhalle, die vom Haupteingang ins Kirchenschiff führt, ist ein Taufbecken im Renaissance-Stil aufgestellt. Sein achteckiger Sockel stammt aus den Jahren 1554-1555, seine Wände schmücken Flachreliefs, die den Zug der Barmherzigkeit sowie Szenen aus dem Alten und dem Neuen Testament darstellen.

6. Neben der Hl. Kreuz-Kapelle befindet sich eine 13 m hohe astronomische Uhr, die in den Jahren 1464-1470 in der Werkstatt des Uhrmachermeisters Hans Düringer in Thorn angefertigt wurde. Um 12 Uhr Mittags erscheint eine Reihe von Gestalten: Adam und Eva, die Apostel, die drei Könige und der Tod.

7. In der St. Anna-Kapelle ist die schöne Madonna von Danzig, ein Werk eines unbekannten Künstlers, um 1420, zu besichtigen.

8. An der Wand der St. Georgskapelle befindet sich eine Skulpturengruppe, die den heiligen Georg auf einem Pferd, die heilige Gretel und einen Drachen darstellt. Sie entstand in der Danziger Werkstatt um 1400.

1890

1-2. Die Piwna-Straße (Jopengasse) führt von der Marienkirche zum Großen Zeughaus (Wielka Zbrojownia). Sie ist von beiden Seiten von malerischen Bürgerhäusern umgeben.

3. Das Bürgerhaus von Hans van Eden an der Piwna-Straße 1 wurde in den Jahren 1630-1640 errichtet. Die manieristische Fassade stammt wahrscheinlich von Andreas Schlüter dem Älteren, der sie mit einer reichen Steinornamentik versah.

1890

1-3. Das manieristische Große Zeughaus entstand in den Jahren 1600-1609 nach einem Entwurf von Anton van Obbergen, unter Mitwirkung von Jan Strąkowski. Ursprünglich befand sich hier ein Arsenal, in dem im Erdgeschoß Kanonen und Kugeln und in den oberen Etagen leichtere Waffen aufbewahrt wurden.

4-5. Der Kohlemarkt wurde der Stadt über ein Privileg aus 1342 zugesprochen. Ab dem 15. Jhd. diente er als Kohlehandelsplatz.

6. Baszta Słomiana, die Strohbastei, aus dem 14. Jahrhundert grenzt von Süden an das Große Zeughaus. Sie diente ehemals als Pulverlager, ihre Mauern sind 4 m dick.

7. Auf dem Kohlenmarkt wurde anläßlich der Tausendjahrfeier von Danzig das „Millenium-Bäumchen", ein Geschenk polnischer und ausländischer Schmiede, aufgestellt.

1-2. Das Pfarrhaus im Hintergrund der Marienkirche stammt aus dem Jahre 1518.

3. Die barocke Königliche Kapelle in der Marienkirche wurde im Auftrag von König Johann III. Sobieski in den Jahren 1678-1681 erbaut. Barthel Ranisch, ein Baumeister aus Danzig, verwirklichte den Entwurf von Tylman van Gameren. Andreas Schlüter der Jüngere schmückte die Frontfassade der Kapelle mit einem Steindekor.

1, 3. Nur die Häuserzeile an der Nordseite der Św.-Ducha-Straße (Heiliggeistgasse) wurde nach der Zerstörung im Zweiten Weltkrieg wiederaufgebaut. In dem Hause mit der früheren Nummer 114 wurde Artur Schopenhauer im Jahre 1788 geboren.

2. Das Haus "Pod Zółwiem" (Schildkröthaus) an der Sw.-Ducha-Straße 113.

4-5. An der Szeroka-Straße 52 befindet sich das Haus "Pod Łososiem" /Zum Lachs/. Ambrosius Vermoellen, der aus den Niederlanden stammte, produzierte dort Ende des 16. Jahrhunderts den bekannten hiesigen Schnaps mit dem Namen "Goldwasser".

6, S. 56-57. Das Krantor schließt die Szeroka-Straße. Das Gebäude wird seit dem 14. Jahrhundert als Tor und gleichzeitig als Kran genutzt.

1. Długie Pobrzeże (Lange Brücke) an der Mottlau ist das Gebiet des alten Hafens, das mit der Altstadt durch Wassertore aus dem 14. und 15. Jahrhundert verbunden ist.

2. Die Mottlau ist ein bequemer Verkehrsweg. An Długie Pobrzeże, der Langen Brücke, legen Ausflugsschiffe an, die Touristen nach Westerplatte und zum Hafen von Danzig bringen.

3-4. Das Chlebnicka-Tor (Brodbänker-Tor), das zur Chlebnicka-Straße führt, wurde 1457 erbaut, wovon das Wappen von Danzig über der Toröffnung zeugt. Die in dem Wappen sichtbare goldene Krone ist am 26. Mai 1457 von König Kazimierz Jagiellończyk verliehen worden.

5. Das Św. Ducha-Tor, das Heiliggeisttor, aus dem 14. Jahrhundert repräsentiert den ältesten Typus von Torgebäuden. Seine Wände waren bescheiden dekoriert und die Durchfahrt hatte die Form einer spitzbögigen Arkade.

6-7. Żuraw, das Krantor, wurde in seiner heutigen Form in den Jahren 1442-1444 errichtet. Die hölzerne Konstruktion enthielt einen Fördermechanismus, der mit Menschenkraft betrieben wurde. Mehrere Arbeiter waren imstande, eine Last von 4 Tonnen emporzuheben.

1.-2 Das Mariacka-Tor, das Frauentor, schließt die Mariacka-Straße ab. Vor seiner östlichen Fassade befinden sich mittelalterliche steinerne "Baby" aus der Zeit der heidnischen Pruzzen.

3. Das nördlichste Tor von Danzig ist das Häckertor, welches 1481-82 gebaut wurde und die einzigartige zusammengestellte Wappengruppe von Königlich-Preußen, Polen und Danzig umfasst.

4-5. Długie Pobrzeże (Lange Brücke) bietet den Touristen wunderschöne Ansichten der Sehenswürdigkeiten an der Mottlau und lädt in zahlreiche Läden mit Bernstein sowie Cafés ein.

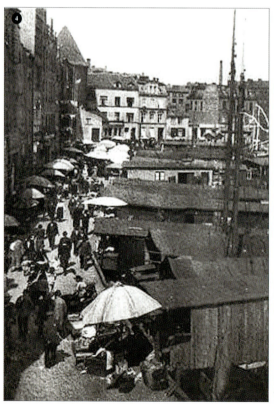

6-8. Ansicht der Langen Brücke (Długie Pobrzeże) und der Fischbrücke (Rybackie Pobrzeże) von Seiten des nicht mehr existierenden Schlosses des Deutschen Ordens aus.

9. Die Łabędź-Bastei (Schwanenbastei) entstand nach 1454, nach der Vertreibung der Deutschen Ordensritter aus Danzig. Die Einwohner rissen die frühere, vom Deutschen Orden zu Beginn des 15. Jh. errichtete, Rybacka-Bastei ab und bauten auf deren Sockel eine neue Bastei.

10. Die zwei Barockbürgerhäuser am Targ Rybny, dem Fischmarkt, sind Überreste der während des Zweiten Weltkrieges zerstörten Bebauung. Vor dem Kriege handelte man auf diesem Platz und auf der anliegenden Fischbrücke mit Fisch.

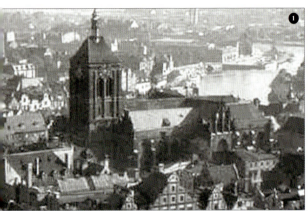

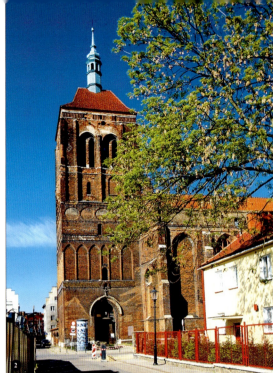

1-2. Die gotische St. Johannes-Kirche wurde in den Jahren 1377 bis 1680 in Etappen gebaut. Heute werden hier Ausstellungen des Ostsee- Kulturzentrums veranstaltet.

3-4. Die gotische Nikolaikirche zu Ehren des Schutzpatrons der Seefahrer entstand anstelle des ältesten Gotteshauses von Danzig, einer hölzernen Kirche aus dem 12. Jahrhundert. Im Jahre 1239 kamen die Dominikaner aus Breslau nach Danzig. Sie errichteten eine Kirche aus Mauerwerk, die ihre heutige Gestalt im 15. Jahrhundert erhielt. Das prachtvolle barocke Innere birgt zahlreiche Sehenswürdigkeiten u.a. ein Taufbecken aus dem Jahre 1732 und das Gemälde "Vision der Heiligen Rosa aus Lima" aus dem Jahre 1671 von Andreas Stech.

5. Die neogotische Markthalle (Dominikański-Platz) entstand in den Jahren 1894-96 anstelle eines Klosters und eines Teils der romanischen St. Nikolauskirche.

6. Die 36 m hohe Jacek-Bastei, an der Wende des 14. zum 15. Jahrhunderts errichtet, ist ein Fragment der ehemaligen mittelalterlichen Befestigungen. Diesen Namen – zu Ehren des St. Hyazinth Odrowąż - erhielt die Bastei erst nach dem Zweiten Weltkrieg. Vor dem Kriege nannten die Danziger die Bastei "Kiek in de Koek", was "guck in die Küche" bedeutet.

7. Das Denkmal von König Johann III Sobieski, ein Werk von Tadeusz Baracz aus dem Jahre 1897, stand ursprünglich in Lwów und wurde später auf dem Holzmarkt aufgestellt. Es wurde aus Anlaß des 200. Jahrestages des Sieges von König Johann III. Sobieski bei Wien gestiftet und stellt den König auf einem Pferd dar, das türkische Schanzen zertritt.

8-9. Der Holzmarkt, dem von der Nordseite der Erdbeerenmarkt anlag, existierte in Danzig schon 1581, als man erstmals jene Bezeichnung verwendete. Der Blick auf dem Bild kommt vom Werk des I. Dickmann aus 1617.

ALTSTADT

1-3. Die Altstadt verfügt nicht über solch prachtvolle historische Denkmäler und Sehenswürdigkeiten wie die Rechtstadt, doch hat es hier bereits seit dem 13. Jahrhundert eine städtische Wohnsiedlung gegeben, die sich rasch entwickelte und vor allem von der slawischen Bevölkerung bewohnt wurde. Um 1340 errichtete der Deutsche Orden auf der Anhöhe eine Wehrburg, um die Bevölkerung unter Kontrolle zu bringen, und begann mit dem Aufbau der Rechtstadt, wodurch die Altstadt an Bedeutung verlor.

4-5. Der Hauptbahnhof wurde in den Jahren 1893-1900 nach Plänen von Alexander Rundell, Paul Thomer und Cuny gebaut, wobei der Einfluß des in Danzig vorherrschenden Manierismus deutlich zu erkennen ist.

6. Vorm Bahnhof steht das Denkmal der Kindertransporte, die vom 3. Mai bis 25. August 1939 aus Danzig 130 jüdischstämmige Kinder nach England beförderten, und so ihr Leben retteten.

7. Die gotische St. Elisabeth-Kirche entstand 1417 in direkter Nachbarschaft eines Krankenhauses, um den Kranken die Teilnahme an Gottesdiensten zu ermöglichen, ohne daß sie von den Betten aufstehen mußten. Vor dem Jahre 1394 hatte sich hier ein Asyl für Leprakranke befunden.

1-2. Direkt hinter der St. Elisabeth-Kirche befindet sich die gotische St. Joseph - Kirche. Die Karmeliter nahmen im Jahre 1482 ihren Bau auf. Nach dem Wiederaufbau des Bauwerkes, das im Zweiten Weltkrieg zerstört worden war, wurde es von den Oblaten übernommen.

3-4. Das Haus der Pelpliner Äbte wurde 1612 wahrscheinlich nach einem Entwurf von Abraham van den Blocke errichtet. Dieses manieristische Gebäude am Radunia-Kanal diente den Zisterziensern aus Pelplin 140 Jahre lang als Herberge. Das Haus hat eine für Danzig typische Fassade aus unverputzten Ziegeln.

1687

5-7. Das Rathaus der Altstadt wurde in den Jahren 1587-1595 im Stil des niederländischen Manierismus anstelle eines früheren gotischen Gebäudes errichtet, das ungefähr aus dem Jahre 1380 stammte. Den kompakten, mit einem schlanken Türmchen bekrönten Baukörper aus Backsteinen entwarf Anton van Obbergen. Das Portal mit dem polnischen Adler im Fries führt in einen Raum, der mit prachtvollen Gegenständen aus verschiedenen Danziger Häusern ausgestattet ist.

1. Das Denkmal des Astronomen Jan Hevelius.

2. Auf der Straße J. Hevelius steht ein anderes Denkmal, Johannes Hevelius gewidmet, in dem die Gestalt des Astronomen in ein Astrolabium aus Messing eingefügt worden ist. Das Denkmal ist ein Werk von Michał Gąsienica-Szostak und wurde von Danziger Jugendlichen 1973 hingestellt.

3-5. An der Gabelung des Radunia-Kanals befindet sich die gotische Große Mühle, die von den Deutschen Ordensrittern um 1350 gebaut worden und von dieser Zeit an bis 1945 in Betrieb war. 1945 ging sie völlig in Flammen auf. Ihr mächtiges Zeltdach bedeckte eine riesige Fläche, die in mehrere Geschosse mittels einer hölzernen Konstruktion unterteilt war. Im Erdgeschoß wurde das Getreide gemahlen, die oberen Stockwerke dienten als Lager.

6. Die ursprüngliche Funktion des Gebäudes, das Kleine Mühle genannt wurde, ist unbekannt. Es wurde im 15. Jahrhundert erbaut und diente wahrscheinlich als Getreidelager.

7. Ein denkmalgeschütztes Häuschen aus dem 17. Jahrhundert an der Podmłyńska-Straße.

8. Die drei manieristischen Bürgerhäuschen an der Katarzynki-Straße, neben der St. Katharina-Kirche, werden Predigerhäuser genannt. Sie wurden im Jahre 1602 nach Plänen von Anton van Obbergen errichtet.

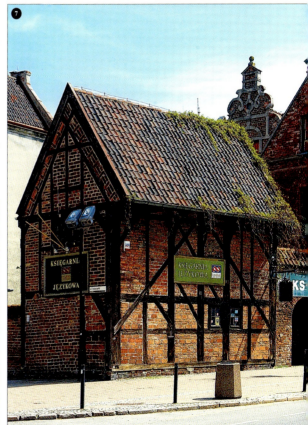

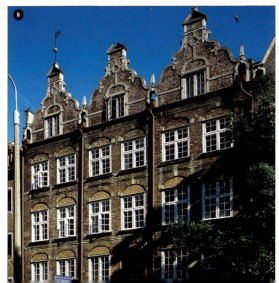

1-4. Die St. Katharina-Kirche wurde als eine niedrige Halle entworfen, die von einem geräumigen dreischiffigen Presbyterium abgeschlossen wird. Im Inneren birgt sie sehenswerte Gemälde von Anton Möller und Isaak von den Blocke, die aus dem vernichteten Hochaltar stammen und gerettet werden konnten.

5. Jan Hevelius, der berühmte Astronom, war mit der St. Katharina - Kirche verbunden, in der er auch bestattet wurde. Auf Initiative seines Enkels Daniel G. Davisson wurde im Jahre 1780 im Presbyterium auf einem der Pfeiler ein Epitaph für den Wissenschaftler angebracht.

1-3. Anstelle einer kleinen Kapelle, in der 1374 die Gebeine der Hl. Brigitte der Öffentlichkeit gezeigt wurden, wurde in den Jahren 1396-1397 eine Kirche errichtet, deren Schutzheilige die Hl. Brigitte ist. Die Kirche, die in der Nähe der Danziger Werft gelegen ist, wurde in den achtziger Jahren des 20. Jahrhunderts zum Gotteshaus der "Soldarność" und zum Unterschlupf ihrer Aktivisten, u.a. von Lech Wałęsa.

4-5. Die St. Bartholomäus-Kirche wurde zu Beginn des 16. Jahrhunderts im gotischen Stil errichtet, obwohl in Danzig schon damals der Manierismus vorherrschte. Der Turm wurde erst Anfang des darauffolgenden Jahrhunderts erbaut. Diese Kirche war eines der ersten evangelischen Gotteshäuser in Danzig.

6. An der Mottlauschleife baute der Deutsche Orden im 13. Jhd. eine Festung, die nur bis 1454 standhielt, als die Bewohner von Danzig während des Aufstands des Preußischen Landtags jene Festung übernahmen und bis auf den Grund zerstörten. Über Jahrhunderte hat man jene Stelle mit Mietshäusern und Speichern bebaut, wobei die interessantesten an der Rycerska-Straße erhalten geblieben sind.'

7. Die Danziger Bibliothek Pan (Wałowa-Straße 5) befindet sind in einem neogotischen Gebäude aus 1903-04. Die erste Buchsammlung hat man in Danzig 1596 zusammengestellt, auf Grundlage der Sammlung, die der italienische Humanist Johann Bernard Bonifacio zuvor schenkte.

1. Das Gebäude der Polnischen Post war Zeuge des heldenhaften Kampfes der polnischen Postangestellten im September 1939.

2. An der Podwale Staromiejskie steht das Denkmal „Tym co za Polskość Gdańska„ (Denen, die für das Polentum Danzigs eintraten / kämpften / starben – der Titel ist nicht eindeutig). Es erinnert an die Polen, die um Danzigs Polentum in den Jahren 1308-1945 kämpften. Das Denkmal ist ein Werk von Wawrzyniec Samp und Wiesław Pietroń und entstand 1969.

3-4. Das Denkmal für die Gefallenen Werftarbeiter neben dem Tor der Danziger Werft gedenkt der Werftarbeiter, die während der Unterdrückung der Arbeiterproteste im Dezember 1970 gefallen sind. Im Jahre 1980, nach dem Streik der Werftarbeiter und der Gründung der "Solidarność", genehmigten die Behörden den Bau des Denkmals. Die Werftarbeiter fertigten es selbst an.

DIE INSELN UND LANGGARTEN

1-3, S. 76-77. Danzig, das bereits im 16. Jahrhundert zum wichtigsten Hafen an der Ostsee aufgestiegen war, benötigte zahlreiche Lagerräume für die Aufbewahrung von Waren. Auf der Insel, die zwischen der Mottlau und dem im Jahre 1576 ausgehobenen Kanal entstanden ist, der das Gebiet vor Brand und Diebstählen schützen sollte, wurden deshalb ca. 300 Speicher errichtet. Östlich der Insel wurden im 17. und 18. Jahrhundert Gärten der Stadtbewohner angelegt.

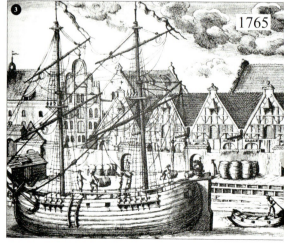

1765

4. Im Jahre 1643 gab es auf der Wyspa Spichrzów, der Speicherinsel, 315 riesige mehrstöckige Speicher, die recht originelle Namen trugen, so z.B. Bunter Hund, Totenkopf oder Rote Maus. Obwohl das Gebiet von Wasser umgeben war und andere Schutzvorkehrungen getroffen worden waren, brachen dort sehr oft Brände aus. Im Jahre 1945 zerstörte der letzte von ihnen vollständig die Bebauung der Insel. Vor kurzem wurde der Wiederaufbau aufgenommen.

5-6. Der heutige Wiederaufbau der Speicherinsel umfaßt auch die Wohnhäuser inmitten der Insel. Die von Grund auf neu errichteten Häuser knüpfen nur äußerlich an den Stil der alten Zeiten an.

1-2. Von Osten wurde die Speicherinsel durch die Stągiewne–Basteien (Milchkannentore) aus dem 16. Jahrhundert geschützt.

3-4. Auf der Ołowianka-Insel (Bleihofinsel), die zwischen der Mottlau und dem Stępka-Kanal liegt, stehen drei Speicher: Oliwski, Miedź und Panna, in denen das Meeresmuseum eingerichtet wurde. Seit 1960 gehört auch das Krantor zum Museum. In der ständigen Ausstellung werden Objekte gezeigt, die mit der See und der Weichselschiffahrt verbunden sind.

5. An der Ołowianka-Insel liegt das Schiff "Sołdek" vor Anker, in dem Ausstellungssäle eingerichtet wurden.

6. In einem Teil der Neuen Mottlau wurde ein Segelhafen eingerichtet. Hier legen die Segelschiffe während ihres Besuches der Stadt an.

7-8. In der Nähe des Hafens ist das Haus "Pod Murzynkiem" (Zum Mohr) sehenswert, über dessen Eingang ein Negerkopf angebracht ist.

1. Im Königlichen Speicher, der in den Jahren 1606-1608 wahrscheinlich nach einem Entwurf von Abraham van den Blocke gebaut wurde, wurde das Getreide gelagert, das Eigentum des polnischen Königs war. Schon König Kazimierz Jagiellończyk hatte die Einwohner von Danzig dazu verpflichtet, den Speicher zu unterhalten.

2-3. Von den Bauten an der Długie Ogrody-Straße (Langgarten), die während des Zweiten Weltkrieges völlig zerstört wurden, blieb einzig die St. Barbara-Kirche übrig. Das gotische Bauwerk entstand im Jahre 1430 anstelle eines früheren Gotteshauses.

4, S. 84-85. Das Żuławska-Tor (Langgarter Tor), das die Stadt von östlicher Seite abschließt, wurde 1628 von Jan Str¹kowski als ein Triumphtor mit drei Arkaden errichtet.

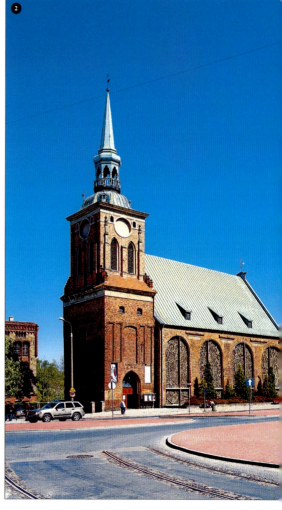

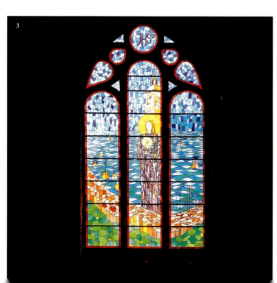

ALTE VORSTADT

1-2. Die Trinitatiskirche und die anliegenden Gebäude wurden von den Franziskanern in den Jahren 1420-1514 errichtet, die ein Jahr früher in die Alte Vorstadt gekommen waren. Die Verbreitung der Reformation führte zum Niedergang des hiesigen Franziskanerordens, der 1556 die Kirche und die Klostergebäude der Stadt vermachte.

3. Südlich der Rechtstadt, außerhalb der Befestigungsmauern, entstand in der zweiten Hälfte des 14. Jahrhunderts eine große Siedlung, in der Schiffe und Boote gebaut und instand gesetzt wurden. Nach der Zerstörung im Jahre 1945 blieben von der Siedlung nur einige wenige historische Objekte erhalten.

4. Im 17. Jahrhundert wurde von westlicher Seite ein Galerien-Fachwerkhaus an die Kirche angebaut.

5. Das dreischiffige Kircheninnere wird von einem Presbyterium abgeschlossen, das anfangs als Jesu-Abendmahl-Kirche ein selbständiges Gotteshaus war. Es birgt zahlreiche Sehenswürdigkeiten.

6. In der Trinitatiskirche ist die älteste erhalten gebliebene Kanzel von Danzig aus dem Jahre 1541 zu besichtigen.

7-8. An das Südschiff der Trinitatiskirche wurde 1480 im Auftrage von König Kazimierz Jagiellończyk die St. Anna-Kapelle angebaut, die den polnischen Einwohnern von Danzig dienen sollte.

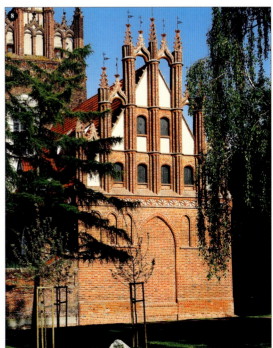

1. Das Kleine Zeughaus (Wałowy-Platz) wurde 1643-45, nach einem Entwurf von Jerzy Strakowski, während des großen Umbaus der Verteidigungsanlagen in Danzig gebaut.

2-3. In dem ehemaligen, in den Jahren 1422-1522 an der Toruńska-Straße 1 errichteten Franziskaner-Kloster hat heutzutage das Nationalmuseum seinen Sitz. Rudolf Freitag legte im 19. Jahrhundert den Grundstein der Sammlungen. Das wertvollste Ausstellungsstück ist "Das Jüngste Gericht" von Hans Memling.

4. "Schiffe auf der See" von Bonaventura Peters /1614-1652/.

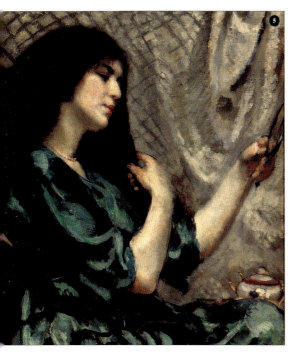

5. " Frau, das Haar kämmend" von Wojciech Weiss /1875-1950/.

6. Die Biała-Bastei an der Augustiańska- und der Pod Zrębem-Straße ist ein Überrest der Südbefestigungen von Danzig.

7. Die heutige Peter und Paul-Kirche entstand in den Jahren 1424-1516 an der Stelle eines früheren, in Flammen aufgegangenen Gotteshauses.

8. Das manieristische Nizinna-Tor (Nieder-Tor), 1626 von Jan Strąkowski errichtet, wurde in das Vorwerk der Wehrmauer zwischen den erhalten gebliebenen St. Gertrud- und Żubr-Bastionen gebaut. Das Tor schützte die Südseite der Stadt. Über der Einfahrtarkade befand sich eine Wachstube.

ANDERE STADTVIERTEL

1. Das Laubenhaus an der Św. Wojciecha-Straße ist ein Beispiel der Fachwerkhäuser, die für dasŻuławy-Gebiet (Werder) charakteristisch sind.

2-3. TIn der Festung Wisloujście, die im Jahre 1482 an der Stelle der ehemaligen Befestigungen der Deutschordensritter gebaut wurde, wurden die Gebühren von den Schiffen eingezogen, die von hier in die See stachen.

S. 90-91. Ein anderes Fragment der Befestigungen bildete die Steinerne Schleuse, die in den Jahren 1619-1624 von William Jansen Benning und Adrian Olbrants errichtet worden war. Die steinernen Fangdämme, von runden, "vier Jungfrauen" genannten Türmchen bekrönt, regelten den Wasserdurchfluß. Die Schleuse schützte Danzig vor Überflutungen durch die Weichsel und zu hohem Wasserspiegel in den Kanälen.

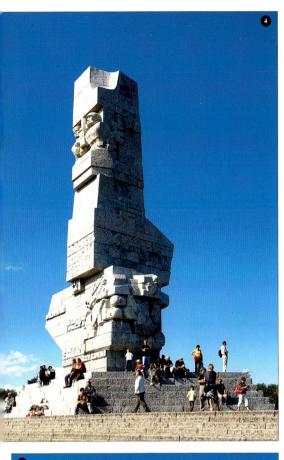

4-5. Zwischen dem Neuen Hafen und der Danziger Bucht gibt es eine kleine Halbinsel mit dem Namen Westerplatte. In der Zeit zwischen den beiden Weltkriegen durfte Polen dort eine Mannschaft von 88 Soldaten unterhalten. Am 1. September 1939 griff das Kriegsschiff "Schleswig-Holstein" die polnische Garnison an. Die polnische Mannschaft unter dem Kommando von Major Henryk Sucharski führte 7 Tage lang einen heldenhaften Verteidigungskampf.

6. Gegenüber von Westerplatte, auf der anderen Seite der Mottlau und im Bezirk Nowy Port steht der heute stillliegende Leuchtturm. Er wurde 1893-1894 gebaut, wobei als Vorbild ein nicht mehr existierender Leuchtturm aus Cleveland in den Vereinigten Staaten diente. Am 1. September fiel ein Schuss vom Leuchtturmfenster, der das Signal zum Beginn des Zweiten Weltkriegs war.

7. Der Hafen von Danzig existierte an der Mottlau bereits im 9. Jahrhundert. Im Laufe der Zeit nahm er den ganzen Küstenstrich der Stadt ein. Im 18. Jahrhundert wurde der Ausbau des Hafens in Richtung des Leniwka-Kanals, des heutigen Hafenkanals sowie des Władysł aw IV-Beckens begonnen.

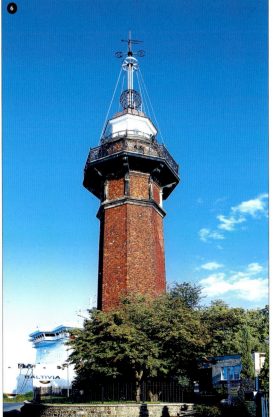

1. Nordwestlich des Stadtzentrums befindet sich das Villenviertel Wrzeszcz. An der Narutowicza-Straße 11 liegt das Gebäude der ältesten technischen Hochschule Nordpolens - der Technischen Universität in Danzig. Das Gebäude wurde für die Technische Hochschule in den Jahren 1900-1904 nach Plänen von Albert Carsten errichtet und stellt ein interessantes Beispiel des Eklektizismus dar, der Formen des Danziger Manierismus nutzt.

2. Im 19. und 20. Jahrhundert wurde Jaśkowa Dolina, das zu Danzig-Wrzeszcz gehört, zu einem modischen Villenviertel. Hier bauten vor allem Beamte und Kaufleute aus Deutschland ihre Häuser. Die Schrey-Villa an der Jaśkowa Dolina-Straße 19 aus dem Jahre 1899 ist beispielhaft für den damals herrschenden Architekturstil.

3. Im Stadtteil Letnica entstand in den Jahren 2008-2011 das moderne Stadion Arena, welches für bis zu 42.000 Zuschauer konzipiert ist. Die Fassade ist mit braunen Platten bedeckt, die an Bernsteinfarben erinnern.

4. Im Bezirk Przymorze, an der Obrońców-Wybrzeża-Straße, befindet sich der längste Wohnblock, Falowiec (Welle) genannt. Er wurde in den Jahren 1970-73 errichtet, hat eine Länge von 860 m und wird von etwa 6000 Personen be-

wohnt. Solche Gebäude wurden in Danzig in den 1960ern und 70ern in Przymorze und Nowy Port gebaut – insgesamt 8.

5. Im meeresnahen Stadtteil Brzeźno, der schon im 13. Jhd. als Fischersiedlung bekannt war, befindet sich die hundertmeterlange Mole aus 1900. Die Mole hat man in der Zwischenkriegszeit um 200 m verlängert.

6. Auf dem St. Adalbert-Hügel im Stadtteil Święty Wojciech hielt der Bischof Adalbert von Prag (Wojciech Sławnikowic) eine Messe während seiner Christianisierungsreise nach Preußen. An jenem Ort wurde im 14. Jhd. eine gotische Kirche errichtet, die später im 16. Jhd. umgebaut worden ist.

7-8. Der Höhepunkt im Bezirk Grodzisko ist der Hagelberg (Góra Gradowa, 46 m ü. NHN), welcher westlich vom Stadtzentrum liegt, und ein großartiger Aussichtspunkt ist. Dort entstanden ab dem 16 Jhd. Verteidigungsanlagen, von denen viele erhalten geblieben sind. An der Spitze der Erhöhung steht das Millennium-Denkmal.

OLIVA

Oliva, heute ein Stadtviertel von Danzig, liegt zwischen Wrzeszcz und Sopot. Seine Existenz verdankt es den Zisterziensern, die Herzog Sambor im Jahre 1186 hierher kommen ließ. Um die Klosteranlage herum entstand ein Dorf, das 1874 die Stadtrechte erhielt.

1-2. Der Abtpalast in Oliva existierte schon im 15. Jahrhundert. Im 18. Jahrhundert wurden an das Parterregebäude zwei Flügel angebaut. In der Zeit von 1754 - 1760 wurde auf Geheiß des Abtes Jacek Rybiński ein Stockwerk an- und das gesamte Gebäude im Rokokostil umgebaut. Heutzutage ist hier eine Sammlung moderner Kunst des Nationalmuseums untergebracht.

3-4, S. 98-99. Der Adam Mickiewicz-Park in Oliva nimmt eine Fläche von 13 ha ein. Er wurde für die Ende des 17. Jahrhunderts entstehende Residenz des hiesigen Abtes angelegt. Jan Jerzy Saltzmann verlieh dem Park Ende des 18. Jahrhunderts die heutige Form, die der damals herrschenden Vorstellung von einem chinesischen Garten entsprach.

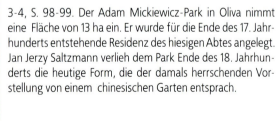

5-7. Schon zu Ende des 12. Jahrhunderts begann der Zisterzienser-Orden mit dem Bau der Kirche. Das ursprüngliche Gotteshaus war romanisch, was in den bodennahen Partien der Kirche zu erkennen ist. Im 13. und 14. Jahrhundert entstand das gotische Kirchengebäude, dessen räumliche Aufteilung bis heute erhalten blieb. Während des Barockumbaus im 17. und 18. Jahrhundert wurden u.a. das Hauptportal und die Turmhelme hinzugebaut und das Kircheninnere um viele dekorative Elemente bereichert. Besonders interessant ist der monumentale Hochaltar aus dem Jahre 1693, in dessen Mitte auf einem Gemälde, einem Werk von Andreas Stech, die Schutzpatrone des Ordens, Maria und der hl.. Bernhard, dargestellt sind.

1. Das Grabmal der Familie Kos entstand im Jahre 1599 und ist wahrscheinlich ein Werk von Willem van den Blocke.

2. Die große Rokoko-Orgel im Dom von Oliva wurde in den Jahren 1763-1788 in der Werkstatt der hiesigen Zisterzienser gebaut und zählt 7876 Orgelpfeifen.

3. Die Taufkapelle im Nordschiff birgt sehenswerte Rokoko-Ornamente.

4. Kanzel aus der Mitte des achtzehnten Jahrhunderts.

5. Am Oliva-Flüßchen errichteten die Zisterzienser im Jahre 1597 eine Wasserschmiede, die für den Eigenbedarf bestimmt und bis 1947 in Betrieb war.

6-7. Der Zoologische Garten in Oliva wurde 1954 gegründet. Das großflächige Areal inmitten von Hügeln, am Stadtrand gelegen, erlaubte es der Stadt, komfortable Ausläufe für die Tiere einzurichten. Im Sommer können die Zoobesucher den Tiergarten mit einer Droschke oder einer kleinen Bahn besichtigen.

ZOPPOT

Zoppot (Sopot), zwischen Danzig und Gdynia gelegen, ist der bekannteste Seekurort in Polen. Bereits im 16. Jahrhundert bauten die Einwohner von Danzig hier ihre Sommerresidenzen, die richtige Entwicklung Sopots setzte jedoch erst ein, als Jean Georges Haffner im Jahre 1808 hier eintraf und einen Kurort gründete.

1-3. Das erste Kurmittelhaus (Dom Zdrojowy) entstand 1824 als eingeschossiges Gebäude. 1879 wurde ein neues Haus gebaut, später 1909 niedergerissen und an dessen Stelle ein neues, welches 1945 von russischen Truppen, die nach Zoppot marschierten, verbrannt worden ist. Das heutige Kurmittelhaus stammt aus 2006.

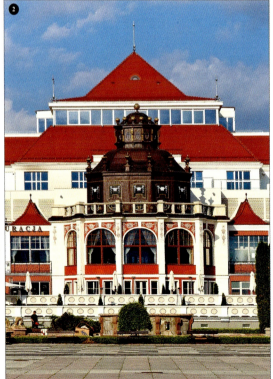

1890

4-5, S. 102-103. Der 516 m lange Seesteg, Mole genannt, mit der längsten Bank in Europa, die entlang des Steges aufgestellt ist, ist die Visitenkarte Zoppots. Der heutige Seesteg wurde 1928 errichtet, aber schon im Jahre 1827 hatte es dort einen kleinen Steg gegeben, der von J. G. Haffner gebaut worden war.

6-7. Das malerische Gebäude der Badeanstalt und des Rheuma-Krankenhauses wurde in den Jahren 1903-1904 in Sopot nach einem Entwurf von Paul Puchmüller errichtet. Die Kurgäste konnten in 48 Kabinen Salzwasserheilbäder einnehmen, deren Temperatur von Ärzten festgelegt wurde. 1975 wurde das alte Kesselhaus zum Leuchtturm umfunktioniert.

1-2. Das Grand Hotel, ein riesiges, im Stil des wilhelminischen Barocks in den Jahren 1924-1927 errichtetes Gebäude, liegt direkt am Strand und ist vom Seesteg aus zu sehen.

3. Die Südlichen Badeanstalten, am Strand südlich des Stadtzentrums von Zoppot gelegen, wurden 1907 nach Plänen von Paul Puchmüller erbaut. Im Inneren des hölzernen Gebäudes, das mit einem gebrochenen Dach bedeckt ist, befanden sich Umkleideräume und ein Restaurant.

4. Das klassizistische Sierakowski-Gutshaus (Dworek Sierakowskich, Czyżewskiego-Straße 12) ist eines der ältesten Gebäude in Zoppot. Es war schon 1714 im Stadtplan verzeichnet. Für die heutige Fassung, die 1797 entstand, ist Graf Kajetan Sierakowski verantwortlich – ein Kastellan aus Płońsk, der Abgeordneter beim Vierjährigen Sejm war.

5-6. Der Seesteg von Sopot, der Plac Zdrojowy und die Bohaterów Monte Cassino-Straße gehören zu den bekanntesten Ostseepromenaden.

7. Die schönsten Villen und Erholungsheime wurden in Zoppot in der ersten Hälfte des 19. Jahrhunderts gebaut. Umgeben von Gärten und kunstvollen schmiedeisernen Zäunen entstanden sie vor allem entlang der Seeküste und an den Hängen der Böschung von Zoppot. Die Villa an der Morska-Straße 7 ist beispielhaft für die hiesigen Fachwerkhäuser.

1. Das Krumme Häuschen (Krzywy Domek, Bohaterów Monte Cassino 53) wurde nach einem Entwurf der Architekten Szotyńscy und Zaleski 2003 errichtet. Es knüpft an Märchenbilder von Jan Marcin Szancer und Per Dahlberg an.

2. Die Skulpturen eines Kaschuben und einer kaschubischen Frau am Plac Konstytucji 3 Maja stützen auf ihren Schultern den Gesims. Sie sind ein Fragment eines 1945 zerstörten Bürgerhauses.

3-4. Am alten Markt von Zoppot ragt die neugotische Sankt-Georg-Kirche aus den Jahren 1899-1901 in den Himmel.

5. Waldoper (Opera Leśna, Moniuszki 12) entstand 1909 als Amphitheater mit einer Fläche von 4 ha. Seit 1977 findet hier ein internationales Songfestival regelmäßig statt.

6. Auf dem Burgberg (Góra Zamkowa, Haffnera-Straße) befindet sich ein archäologisches Freilichtmuseum, welches die frühmittelalterliche Burg zur Schau stellt, die vom 8. bis zum 10. Jhd. dort existierte. Auf Basis der entdeckten Torüberreste, Palisadenfragmente und 7 Häuser hat man den ganzen Burgkomplex rekonstruiert.

GDINGEN

1. Gdynia (Gdingen) war bereits seit 1224 als Fischerdorf bekannt. Die intensive Entwicklung entfällt aber erst auf die Zeit um 1920, als Polen einen Zugang zur See erhielt und hier einen Hafen errichtete

2. Das an der Südmole liegende Segelschiff „Dar Młodzieży", in einer Hamburger Werft für die Seehochschule gebaut, diente Ausbildungszwecken.

3. Józef Piłsudski sieht sich den Militärhafen in Gdingen (Gdynia) 1930 an.

4. Der Kościuszko-Platz und die „Südliche Mole" als dessen Verlängerung sind die wichtigste Promenade in Gdynia. Sie entstand auf einem Gelände, auf dem einst Sommerhäuser gestanden hatten.

5. Neben dem Segelschulschiff "Dar Młodzieży" liegt das Kriegsschiff "Błyskawica", das an den Kämpfen während des II. Weltkrieges teilgenommen hat.

6. Das Denkmal des berühmten Schriftstellers Joseph Conrad Korzeniowski, der vor allem über maritime Themen schrieb, ist ein Werk von Danuta und Zdzisław Koseda. J. Conrad-Korzeniowski wurde in Polen geboren, lebte später in Großbritannien und schrieb seine Romane in englischer Sprache.

7. Die Komposition "Maste" von Wawrzyniec Samp ist ein Fragment des Denkmals zu Ehren des berühmten polnisch-englischen Schriftstellers Joseph Conrad Korzeniowski.

8. Zahlreiche Marktstände warten auf Touristen und bieten Muscheln, Seesterne, Bernsteinartikel und Segelschiffsmodelle an.

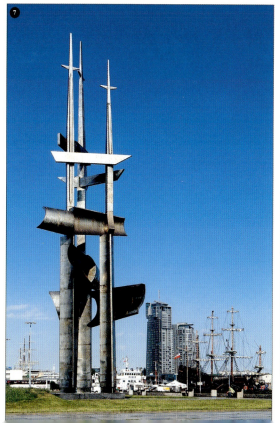

1. Das älteste Gebäude in Gdingen ist die Erzengelkirche St. Michael im Bezirk Oksywie (Arciszewskich-Str.). Sie wurde 1225 vom pomoranischen Fürsten Sventopluk II. gestiftet. Von dem ursprünglichen romanischen Gebäude ist nur die Westwand geblieben. Im 14. Jhd. wurden ein Presbyterium und das Seitenschiff an der Nordseite dazugebaut.

2. Das See Towers (Hryniewickiego-Str. 6) wurde 2005 fertiggestellt und ist mit einer Höhe von 125,4 m das höchste Gebäude außerhalb von Warschau und das höchste Wohngebäude in Polen.

3. 91 m über dem Meeresspiegel ragt das Landschaftsschutzgebiet Kępa Redłowska. Das steile Kliff ist mit einem Mischwald bewachsen, in dem Buchen überwiegen.

4. Das spätbarocke Schloss in Orłowo entstand 1906 im Auftrag von Ludwik Slaski, des damaligen Eigentümers der Orłowo-Güter. An die Umsetzung wagte sich der aus Berlin herbeigeholte Architekt Kazimierz Skórzewski.

5. Zu Füßen der Kępa Redłowska baute der Fischer Johann Adler im Jahre 1828 eine Gaststätte, mit der die Entwicklung der Siedlung Orłowo einsetzte. Im Jahre 1934 entstand hier ein Seesteg, der der „Polnischen Binnenschiffahrt Vistula" als Anlegestelle diente.

6. Am Kaszubów-Platz befindet sich die Skulptur „Para Kaszubów na ławce" („Ein Kaschuberpaar auf der Bank"), welche an das Ehepaar Scheibe erinnert, das 1928 ein Mietshaus dort gebaut hat. Elżbieta Scheibe, die täglich auf die Rückkehr Ihres Mannes, der Fischer war, wartete, hat sich einen Anbau an die Gebäudespitze gewünscht, von dem aus man die ganze Danziger Bucht sehen könnte.

S. 114-115. An der Mündung des Kacza-Flüßchens ziehen Fischer ihre traditionellen Boote ans Ufer.

UMGEBUNG

1. Polen verfügt über 528 km Seeküste, an der zahlreiche Kurorte liegen, die während des Sommers besonders viele Touristen anlocken.

2. Das hölzerne Fachwerkgebäude in Puck entstand um 1725 als Kranken- und zugleich Armenhaus. Heute beherbergt es das Ethnographische Museum.

3. Auf der Halbinsel Hela, von Seiten der Pucka-Bucht, wurde ein Seehunde-Becken der Seestation der Universität Danzig eingerichtet. Zahlreiche Touristen bewundern die kleine Anzahl Graurobben, eine Gattung, die einst in der südlichen Ostsee stark verbreitet war. Durch intensive Jagdtätigkeit ist die Gattung fast vollständig ausgerottet worden.

4. Die Hel - Landzunge (deutsch Hela) ist eine sandige Halbinsel, die die Danziger Bucht von Seiten der Ostsee abschließt. Wellen und Winde schütteten - oft bis zu 23 m hohe - Dünen auf, auf denen sich allmählich Kiefernwälder ausbreiteten. Die Halbinsel ist 34 km lang, an der schmalsten Stelle nur 100 m breit. Da die Sturmwellen die Nehrung immer wieder unterspülen, sind ständige Schutzmaßnahmen und technische Absicherungen notwendig. Die Hela-Landzunge ist touristisch sehr reizvoll. Hier befinden sich beliebte Ferienorte wie Jurata, Chałupy, Jastarnia und Hel. Direkt an die Halbinsel grenzt die Pucka-Bucht, deren flache Gewässer sie zu einem Mekka des Surfsports werden ließen.

5. Die Fachwerkhäuser der Fischer sind charakteristisch für die frühere Bebauung der Hela-Halbinsel. Nur wenige sind bis heute, vor allem an der Wiejska-Straße, dem wichtigsten Straßenzug der Stadt, erhalten geblieben. Das Haus mit der Nummer 33 stammt aus dem Jahre 1850, heute befindet sich dort ein Zeitungskiosk.

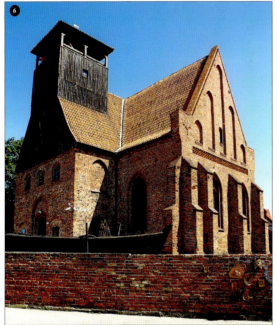

6. Die gotische Kirche aus dem 15. Jahrhundert ist das älteste Gebäude auf der Hela-Halbinsel. Heute hat hier das Fischereimuseum seinen Sitz.

7-8. Das Kloster der Zisterzienserinnen in Żarnowiec wurde an der Wende des 13. zum 14. Jh. von den Zisterziensern in Oliva errichtet, die ab dem Jahre 1215 die Eigentümer von Żarnowiec waren. Den Innenhof umgaben Kreuzgänge, die den Besuchern zugänglich waren. Neben den Klostergebäuden befindet sich eine gotische Kirche aus dem 14. Jahrhundert.

1. Der Słowiński Nationalpark, 1967 gegründet, gehört zu den Welt-Biosphärenreservaten. Seine größte Attraktion bilden Wanderdünen, die eine Höhe von bis zu 42 m erreichen.

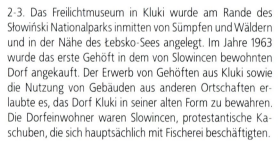

2-3. Das Freilichtmuseum in Kluki wurde am Rande des Słowiński Nationalparks inmitten von Sümpfen und Wäldern und in der Nähe des Łebsko-Sees angelegt. Im Jahre 1963 wurde das erste Gehöft in dem von Slowincen bewohnten Dorf angekauft. Der Erwerb von Gehöften aus Kluki sowie die Nutzung von Gebäuden aus anderen Ortschaften erlaubte es, das Dorf Kluki in seiner alten Form zu bewahren. Die Dorfeinwohner waren Slowincen, protestantische Kaschuben, die sich hauptsächlich mit Fischerei beschäftigten.

4-5. Im 10. Jahrhundert lag an der Stelle des heutigen Lęborks am Łeba - Fluß die slawische Burg Lewino. Von 1310 bis 1466 gehörte die Stadt dem Deutschen Orden. Der Orden errichtete auf der Insel eine gotische Burg, die später mehrfach umgebaut wurde. In der Ecke des Marktplatzes befindet sich die St. Jakob-Kirche, deren Bau 1341 begonnen wurde. Die Stadt war von Wehrmauern mit 33 Basteien umgeben, von denen nur eine einzige, die Efeu-Bastei (Baszta Bluszczowa, Aufnahme) erhalten geblieben ist.

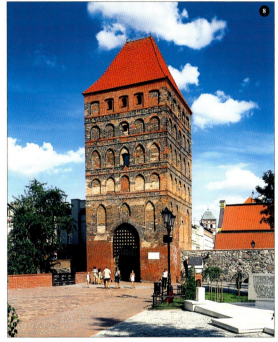

6. Die gotische Ordensritterburg in Bytowo entstand in den Jahren 1308-1405 und diente als Wachtturm an der Grenze des Ordensstaates. Nach einem Umbau in den Jahren 1560-1570 wurde die Burg zur Sommerresidenz der westpommerschen Herzöge, der Gryfiten.w.

7. Nördlich von Chojnice, im Einzugsgebiet des Oberlaufs des Brda-Flusses, liegt ein riesiger Wald, Bory Tucholskie genannt. Im Jahre 1996 wurde dort ein Nationalpark gegründet, der die Flora und Fauna schützt, so u.a. zweihundert Moosarten. Der voller Windungen verlaufende Brda-Fluß sowie dessen Zuflüsse sind als Land der Forellen und Äschen bekannt.

8. Chojnice war im Mittelalter die Grenzburg des pommerschen Herzogtums, die sich der Deutsche Ordensstaat im Jahre 1309 einverleibte. Von den Befestigungen aus der Mitte des 14. Jahrhunderts blieb das Człuchowska-Tor übrig, in der das Historisch-Ethnographische Museum seinen Sitz hat. Auf dem für pommersche Verhältnisse riesigen Markt dominiert das neugotische Rathaus. Eine Attraktion stellt der Springbrunnen mit drei nackten Frauengestalten dar.

9. Szwajcaria Kaszubska, die Kaschubische Schweiz, liegt etwa 40 km von Danzig entfernt, in der Umgebung von Kartuzy und Kościerzyna. Kennzeichnend für dieses Gebiet ist die abwechslungsreiche hügelige, an postglazialen Seen reiche Landschaft, worauf auch der Name hinweist. Dank dieser Eigenschaften ist dieses Gebiet seit fast hundert Jahren das wichtigste Erholungszentrum der Pommerellen. Großer Beliebtheit erfreut sich die 40 km lange Kanutenstrecke „Kółko Raduni" (Radunia-Kreis), die durch den Radunia-Fluß und 10 lange postglaziale Seen führt.

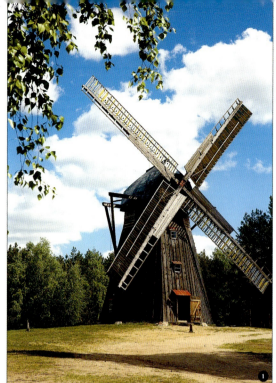

1, 3. Im Kaschubischen Ethnografischen Park im Dorf Wdzydze Kiszewskie, dem ältesten, im Jahre 1907 gegründeten Freilichtmuseum in Polen, wird kaschubische Holzarchitektur gezeigt. Im Jahre 1970 wurden das Museum ausgebaut und die Ausstellungsstücke nach ihrer Herkunft aus den verschiedenen Teilen der Kaschubei und der Umgebung von Kociewo neu angeordnet.

2. Das Regionale Bildungs- und Promotionzentrum in Szymbark ist ein privates Freilichtmuseum, in dem zahlreiche Raritäten aufbewahrt werden. Neben dem weltlängsten Brett (36.83 m lang), dem Bunker des „Pommerschen Greifs" und dem Haus der Sibirienverbannten bildet das „Haus im Kopfstand", das bei Besuchern Gleichgewichtsstörungen hervorruft, die größte Attraktion.

4-5. Kartuzy gilt als Hauptstadt der Kaschubischen Schweiz. Die Stadt verdankt ihren Namen dem Karthäuserorden, die Jan aus Rozęcin, der Eigentümer der nahegelegenen Landgüter, in der zweiten Hälfte des 14. Jahrhunderts kommen ließ. Das wertvollste Überbleibsel des Ordens ist die gotische Kirche, die in den Jahren 1383-1403 erbaut wurde. Charakteristisch ist das barocke Dach in Form eines Sarges aus den Jahren 1731-1733.

6. Die Mariä Himmelfahrt-Pfarrkirche in Żukowo wurde im 13-14. Jahrhundert für den Prämonstratenserinnnenorden errichtet. Beachtenswert ist das reich ausgestattete Kircheninnere.

7. Die ehemalige Zistenzienser-Abtei in Pelplin wurde 1258 gestiftet. Ende des 13. Jh. begann der Bau der prachtvollen Marienkirche, der bis zur zweiten Hälfte des 14. Jhs andauerte. Das Eingangsportal (um 1300) ist mit Bauplastiken reich dekoriert.

8. Eine gotische Wegesrandkapelle, um das Jahr 1500, in Gnojewo in der Umgebung von Malbork.

9. Die gotische Burg in Kwidzyn wurde in den Jahren 1320-1347 vom Deutschen Orden erbaut und war Sitz des Kapitels. Ein interessantes Element bildet der Dansker, zu dem ein Bogengang führt.

S. 122-123. Die Marienburg wurde als Hauptstadt des Deutschen Ordensstaates gebaut, der in Polen Kreuzritterorden genannt wird. Der Orden entstand in Palästina während der Kreuzzüge (1190-1198). Aus diesem Grunde bildeten die Ritter die Grundlage des Ordens, sie oblagen auch dessen strengen Ordensregeln. Während der ersten hundert Jahre nach seiner Gründung war der Orden in Palästina tätig. Im Jahre 1225 übergab der polnische Herzog Konrad Mazowiecki dem Deutschen Orden das Gebiet von Chełmno, das zu einem Vorposten im Kampf mit den heidnischen Pruzzen werden sollte. Das war der Anfang des Ordensstaates. Im Jahre 1278 begannen die Ordensleute mit dem Bau der Ordensburg in Marienburg.

1. Neben der Burg in Marienburg (Malbork) entwickelte sich schnell eine Stadt, die im 14. Jahrhundert Befestigungen aus Backstein sowie vier Tore erhielt. Um 1380 wurde das Rathaus errichtet, dessen Stil an die Fassade des Hochmeisterschlosses anknüpft.

2. Die Vorburg wurde in der ersten Hälfte des 14. Jh. als Wirtschaftsgebäude der Burg gebaut. Hier befanden sich u.a. Werkstätten, das Zeughaus, Speicher und Pferdeställe. Die Wehrmauern und zahlreiche auf der Aufnahme sichtbare Basteien, wie die Tressler - und die Vogtbastei, erleichterten die Verteidigung der Anlage.

3-4. Der Hochmeisterpalast wurde von Seiten des Nogat - Flusses an die Marienburg angebaut. Die Bauarbeiten wurden in der ersten Hälfte des 14. Jh. aufgenommen, der Ausbau erfolgte in den Jahren 1383-1393. In dieser Zeit entstanden so prachtvolle Säle wie der Sommer- und der Winterremter.

5. Der Sommerremter des Hochmeisterspalastes ist der repräsentativste Raum der Marienburg. Hier empfing der Hochmeister des Deutschen Ordens ehrwürdige Gäste. Über dem Kamin befindet sich der Splitter einer Steinkugel, der an die Belagerung der Burg durch die polnisch-litauischen Heere im Jahre 1410 erinnert.

1. Neben der Burg in Marienburg (Malbork) entwickelte sich schnell eine Stadt, die im 14. Jahrhundert Befestigungen aus Backstein sowie vier Tore erhielt. Um 1380 wurde das Rathaus errichtet, dessen Stil an die Fassade des Hochmeisterschlosses anknüpft.

2. Die Vorburg wurde in der ersten Hälfte des 14. Jh. als Wirtschaftsgebäude der Burg gebaut. Hier befanden sich u.a. Werkstätten, das Zeughaus, Speicher und Pferdeställe. Die Wehrmauern und zahlreiche auf der Aufnahme sichtbare Basteien, wie die Tressler - und die Vogtbastei, erleichterten die Verteidigung der Anlage.

3-4. Der Hochmeisterpalast wurde von Seiten des Nogat - Flusses an die Marienburg angebaut. Die Bauarbeiten wurden in der ersten Hälfte des 14. Jh. aufgenommen, der Ausbau erfolgte in den Jahren 1383-1393. In dieser Zeit entstanden so prachtvolle Säle wie der Sommer- und der Winterremter.

5. Der Sommerremter des Hochmeisterspalastes ist der repräsentativste Raum der Marienburg. Hier empfing der Hochmeister des Deutschen Ordens ehrwürdige Gäste. Über dem Kamin befindet sich der Splitter einer Steinkugel, der an die Belagerung der Burg durch die polnisch-litauischen Heere im Jahre 1410 erinnert.

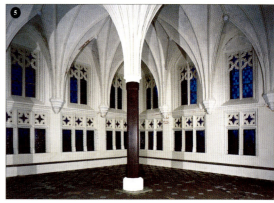

6-8. Das Hochschloß ist das erste Bauwerk, das die Deutschordensritter am Ufer der Nogat errichteten. Das auf einem Rechteckplan entworfene Gebäude mit Innenhof erhielt an den Ecken Türmchen, die für Burgen des Deutschen Ordens charakteristisch sind. Die Kreuzgänge im ersten Stock, deren spitzbogenförmige Fensteröffnungen zum Innenhof wiesen, erlaubten eine interne Kommunikation. Die Anlage war von einem Burggraben und einer Mauer umgeben, das Wasser wurde aus dem 6 km entfernten Dąbrowka-See herangeschafft.

9. Der Innenhof des Hochschlosses der Marienburg entstand, als im 14. Jahrhundert drei Flügel angebaut wurden. Der im Mittelalter gegrabene Brunnen war 18 m tief.

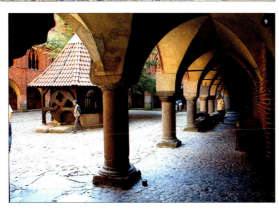

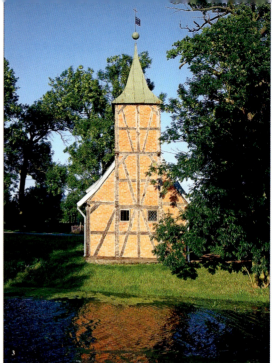

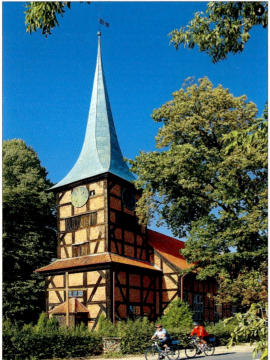

1. Die Burg in Sztum wurde in den Jahren 1326-1336 vom Deutschen Orden als Sommerresidenz der Hochmeister erbaut. Die Burg war nicht weit von der Marienburg, dem Hauptsitz des Ordens, entfernt, so daß die Mannschaften der Burgen in ständigem Kontakt stehen konnten. Die Anordnung der Burgen wurde so geplant, damit Informationen mittels Rauch- bzw Feuerzeichen von einer Burg zur anderen übermittelt werden konnten.

2-3. Die Kirche in Wróblewo, malerisch an einem Kanal gelegen, wurde wahrscheinlich in der zweiten Hälfte des 16. Jahrhunderts errichtet. Das Gotteshaus mit einer Fachwerkkonstruktion schmückt ein Turm auf dem First.

4. Die Bohlenkirche in Stegna mit einem Presbyterium aus Backsteinen stammt aus den Jahren 1681-1683.

5. Das Fachwerkhaus mit Lauben stammt aus dem Dorf Trutnowy und ist typisch für die Dorfarchitektur des Großen Werders. Es wurde im Jahre 1720 von Meister Georg Basener gebaut.

6. In Sztutowo befindet sich eine Gedenkstätte des NS- Konzentrationslagers Stutthof. Das Lager entstand bereits am 2. September 1939 auf dem Gebiet der Freien Stadt Danzig und war bis zum 9. Mai 1945 in Betrieb. Es war das erste und am längsten fortbestehende Lager auf polnischem Gebiet, das der Massenvernichtung der Bevölkerung diente. Ab Juni 1944 wurde es in das Programm der sog. „Endlösung der Judenfrage" einbezogen. Es wird geschätzt, dass in dem Lager ca. 65 Tausend Menschen ums Leben kamen.

7. Die Ziehbrücke über die Szkarpawa, einen rechten Weichsel-Zufluß, fügt sich malerisch in die Landschaft von Żuławy, dem Großen Werder, ein. Die Flußüberführung entstand Ende des 19. Jahrhunderts, daneben eine Drehbrücke für eine Schmalspurbahn.

8. Kąty Rybackie liegt an der Danziger Bucht. Hier legen die traditionellen, inzwischen an der Ostsee schon selten gewordenen Fischerboote an. Die vom Fischfang zurückkehrenden Fischer verkaufen ihre Fische direkt von ihren Booten.

Aufnahmen: Stanisława, Jolanta und Rafał Jabłoński

Text: Rafał Jabłoński

Graphische Gestaltung: Rafał Jabłoński

Aufnahme auf der Umschlag-Titelseite: Neptunbrunnen

Aufnahmen aus dem Jabłoński-Fotoarchiv
Tel.: 602 32 44 09, Fax: +48 22 842-54-53,
E-Mail: archiwum@fotojablonski.pl
www.fotojablonski.pl

ISBN 978-83-61511-74-8

Verlag Festina, Warschau,
Tel/Fax (+48) (22) 842-54-53, Tel.: 602 32 44 09
E-Mail: wydawnictwo@festina.org.pl
www.festina.org.pl
© Copyright by Verlag Festina ©

Warschau